乡村振兴说战旗系列丛书

总主编　杨团　仝志辉　刘建进

乡村振兴说战旗·治理篇

杨　团　郭　静　刘建进　著

華東理工大學出版社
EAST CHINA UNIVERSITY OF SCIENCE AND TECHNOLOGY PRESS
·上海·

图书在版编目（CIP）数据

乡村振兴说战旗. 治理篇 / 杨团，郭静，刘建进著.
上海：华东理工大学出版社，2024. 8. -- ISBN 978-7-5628-7442-3

Ⅰ. F327.715

中国国家版本馆 CIP 数据核字第 2024S2Q886 号

策划编辑 / 刘　军
责任编辑 / 秦静良
责任校对 / 张　云
装帧设计 / 肖祥德
出版发行 / 华东理工大学出版社有限公司
地址：上海市梅陇路 130 号，200237
电话：021－64250306
网址：www.ecustpress.cn
邮箱：zongbianban@ecustpress.cn
印　　刷 / 杭州日报报业集团盛元印务有限公司
开　　本 / 890 mm×1240 mm　1/32
印　　张 / 10.875
字　　数 / 197 千字
版　　次 / 2024 年 8 月第 1 版
印　　次 / 2024 年 8 月第 1 次
定　　价 / 68.00 元

乡村振兴说战旗
系列丛书

组织编写

北京农禾之家咨询服务中心

中共成都市郫都区委党校

四川战旗乡村振兴培训学院

总主编

杨　团　仝志辉　刘建进

编委会成员（按姓氏笔画排序）

仝志辉　刘建进　李光菊　杨　团

杨明学　余文正　陈　静　陈晶晶

易奉阳　高德敏　郭　静

总序

乡村振兴作为国家战略，是从现在起持续到2050年的长期事业。全国49万多个村庄，38 558个乡镇，2 843个县，能否走出一条适合当地资源条件，满足农民生计发展需要，缩小乡村内部差距和区域差距、城乡差距的道路，实现共同富裕、城乡共融，是对这一战略实施效果的检验。

每个村庄、每个乡镇、每个县区，所走的路可能形态不同，分属于不同的类型，但都有相同性质的工作内容。乡村振兴是公共事业，必须包含“适合当地、整体提升、均衡可持续”这三大公共性目标诉求，并需要从社会资源平等分配、农民主体性和平等参与、公共利益建设与维护等维度去做回应。

1990年全国村级组织建设座谈会（史称“莱西会议”），总结出“党的领导、村民自治、集体经济”三大基本原则。将这三大基本原则贯穿在本地域的乡村振兴实践当中，就可以实实在在地将以人民为中心的发展思想落实到基层，实现三大公共性目标诉求。

在中国约960万平方千米的国土上，有没有成功贯彻这三大基本原则、实现三大公共性目标诉求的村庄呢？有。四川成都市郫都区战旗村就是其中的一个好案例。

这个村自1965年独立建村（2020年与相邻的金星村合并成今天的战旗村）以来，八任党组织书记接力领导，带领全体村民，通过企业改制、农地集中、建设新型小区，以集体土地为资本，发展出了与市场经济相容的多层级的农村集体经济，走出了一条普通农业村庄逐步实现乡村振兴的路子。这可以说是一次飞跃。值得一提的是，这个村的重大事情都是村民说了算。

2018 年春节前夕，习近平总书记考察了战旗村，看到战旗村的基层党建好、集体经济强，特别是人人参与，大家都有获得感，就以“战旗飘飘，名副其实”表达对战旗村工作的赞誉。习近平总书记还希望战旗村在未来振兴乡村的事业中继续“走在前列、起好示范”。

农业农村现代化是中国式现代化的重要内容。战旗村的发展是又一次飞跃，其基础是基层党组织领导下的新型集体经济。它特别表现为村庄集体的主体性和村民个体的主体性的优势互补、互为支撑，市场经济条件下集体经济和私营经济的相生相融。在推动乡村发展的过程中，村庄和国家的有机互动，展现出新时代“统分结合、双层经营”的新形式，以及自主活泼发展的新面貌。

新型集体经济还是一个新事物。建设好中国式的新型农村集体，发展壮大集体经济，是全国广大农村基层干部心心念念的重大主题，也是全面推进乡村振兴的关键。

他山之石，可以攻玉。为向农村基层干部准确传递“战旗经验”，帮助大家全面、深入了解战旗村在 20 多年改革实践中发展集体、服务村民的做法，北京农禾之家咨询服务中心研究组在组织团队多次赴战旗村调研的过程中产生了为农村基层干部编写一套书的想法，主题是“乡村振兴说战旗”。我们接受了战旗村党委关于培育本土“战旗讲师”的委托，将农禾之家以往培育“禾力乡工”和“禾力乡师”的做法升级。因此，以“一对一”导师制培养的这批本土“战旗讲师”就成为农禾之家研究组编写“说战旗”读本最佳的助手。这些本土农民出身的“战旗讲师”最了解战旗，他们的参与为本丛书的编写注入了乡土新意。我们与村干部和村民骨干反复讨论，不断梳理历史事实，体会和理解“战旗经验”，又请这些讲师学员帮助我们核实情况并纠错，经反复打磨提炼和取舍编写，才有了本丛书。我们还要求这批经我们培养的讲师学员用本丛书的材料进行课程试讲和精品课程打造。他们讲述时的代入感既让我们深受感动，又使我们更加深刻体会到农村基层干部对乡村振兴知识样态和内容的真实需求，促使我们更有动力为广大农村基层干部更好地理解“战旗经验”而编好本丛书。我们也更加感受到，为这些我们亲自培养的战旗本土讲师学员站好讲台、传播好战旗做法而竭诚服务是我们的责任。可以说，本丛书是农禾之家与战旗村、战旗学院、战旗本土讲师共同努力而完成的。本丛书的编委会理所当然也就由这多方的成员代表共同组成。

本丛书以全局视角审视乡村未来发展，以独特观点重点解读进入

21 世纪后战旗村 20 多年来的乡村发展实践，总结提炼战旗村可持续发展的重要经验，力图给致力于乡村振兴的基层干部和集体经济组织、农民合作组织提供一份可参照学习的乡村振兴读本或教程。

我们衷心希望本丛书的读者也能够在实践中自觉应用并推广书中的观点。为此，我们对书的呈现方式做了精心安排，先按照每册书要说明的主题内容分好章，再按照“背景导入”“战旗实践”“我们的评述”“同类做法”“邀你共议”等五个环节，逐步将我们想与读者共同讨论的内容有条理地呈现出来，并引向对内容的实际使用。我们知道，对我们倾注心血的事业来讲，本丛书的使用要比内容的编写出版更为重要。只有大家觉得本系列读本传递的内容可用、实用、好用，并且愿意不断创造出各种使用方式，才能体现我们这种“另类”知识生产方式的真正实践价值。我们愿意和大家一起努力！

杨团　仝志辉　刘建进

2024 年 2 月

看见战旗

中国的城市和乡村原本就是连在一起的。村庄和国家也是这样，在现代化的进程中密不可分、“一体同构”。

四川的战旗村位于中国西部都江堰水利工程的下游。这个村子成立于1965年，现有16个村民小组，村民有1 145户4 469人，耕地面积为5 430亩，建设用地面积为1 160亩，其他未利用地面积为1 410亩。2022年，村集体收入达680万元。农民年人均可支配收入为3.85万元，在当地处于中上水平。

很多人第一次去战旗村，会觉得战旗村像个城郊的小镇。村内柏油路宽阔。两层的别墅，连成新式的小区。村里有学校、酒店、乡村博物馆、壹里老街、初心馆、连锁超市、饭馆、民宿、台丽庄园、工厂化的杏鲍菇生产基地。很多人在村里上班，也有的开车去城镇上班，晚上再回来，也有的在城区投资置业，买了房子、店面。村内有幼儿园，边上有战旗小学。小孩得个感冒，老人干活儿时手上拉了个口子，就到村卫生院里进行处理。2018年春节前夕，习近平总书记来战旗村调研，希望战旗村在新时代乡村振兴的工作中能继续“走在前列、起好示范”。之后，战旗村就像一个乡村振兴的大舞台。红色旅游迅速发展起来，乡村振兴培训业务也成为带动村庄转型的火车头。

在战旗村，这近60年的发展变化是一部清晰的“创业史”。

从 1965 年开始算，战旗村建村时间并不长。农民组织起来之后，通过“条田改土”、学习大寨经验，农地质量得到提高；良种、农机和化肥的应用，促使农业生产效率快速提高。20 世纪 70 年代，战旗村就解决了“饿肚子”问题，分田到户比其他村子晚了一年。在社队企业的基础上，20 世纪 80 年代战旗村的乡镇企业迅速发展起来。2003 年前后，时任战旗村党支部书记李世立力排众议，采取赎买政策，把已经逐渐私有化的村办企业转为集体独资的企业，并且通过招标，以租赁制的形式交给私人经营。这一逆时代潮流而动的变革，不仅明确了产权，还为集体积累了 420 万元现金，为新世纪战旗村的系列改革变迁奠定了经济和组织基础。

2006 年，“大学生进农家活动”重建了村庄和政府的关系。2009 年，战旗村通过拆院并院，村民退出原来的宅基地，住进了既能栽花又能种菜的新式小区。2011 年，战旗村基本上完成土地整合。集体经济组织的每个成员都拥有相同面积的农田和宅基地。同年，农文旅融合的“妈妈农庄”开张营业。村里老人说，“从来没有见过这么多人”。2015 年，战旗村敲响四川集体经营性建设用地入市第一槌。投资方买了集体土地 40 年的经营权后，在原来乡镇企业用地上建起了商住综合体。与其他村庄相比，战旗村较好地把政治视察的优势转为村庄的知名度，对业态和基础设施进行了升级，成为不少村庄党组织负责人、乡镇干部研究学习的榜样，走向了全国。

“整合土地、经营村庄”“以土地谋发展”是战旗村最近 20 年来最重要的发展经验。土地是村庄集体最重要的资源。战旗村党委书记高德敏经常说的一句话是：经营村庄最重要的是要经营土地，要充分利用好集体土地的所有权。农地的集中，宅基地的整合，集体土地入市，合作开发，作价入股，都有力地推动战旗村从一个发展阶段转到另一个发展阶段。土地是联系农民和国家、农民和市场最重要的纽带。集体土地、集体成员、集体所有是中国特色社会主义制度的重要组成部分。但名义上的集体土地所有权在很大程度上是被悬置起来的。土地的权利、土地产出的物品在农民、集体、政府之间被划分。这背后是工业化、城市化大背景下工农、城乡关系的转变。“大包干”就是一个很好的例子。在战旗村，因其自身的积累，因其自身的主动性和创造力，我们都能看到这 20 年它走在前列的创造与变化。

战旗村的经营主体是村庄集体本身。它以村党组织为核心，以集体经济合作社为法人和资源所有者，以村民委员会和村民代表会议为治理和组织载体。这是一种“三位一体”的结构。村庄的干部要学习企业经营管理的方法，提高效率，不能忘记村庄这个集体首先是为共同体内的所有成员服务的。“要像经营家庭一样经营村庄”，而不是把集体当成一个企业。人的能力有大小，性格有差异，以户为单位，彼此联系在一起，共同生活在一起。就像一个国家一样，如果没有这一群人，即便土地还在，也没法构成一个共同体。

战旗村的发展能映照出中国农政发展变迁的历史。要想理解战旗村已经发生的变化，看到战旗村的未来可能性，我们也需要把这个村庄放在“农民—村庄—国家”关系的变化中来理解。集体作为农户和国家、农民和市场的中间物，有其独特的作用。在战旗村，我们看见了这 60 年集体的生成、转变、再造与新生，看到了村国关系的变化，看到了新时代一个新的集体的生成，也看到了其潜力。尽管这是地方的经验，却也能从中看到有普遍价值的方向。

陈晶晶

2023 年 7 月

目录

001 第一章
村庄治理之道

002 一、背景导入
012 二、战旗实践
012 （一）战旗村全面治理图
014 （二）党建与村民自治的相互成就
019 （三）治理体系的职能操作系统
023 （四）治理体系的落地运行系统
024 （五）资源支撑
027 三、我们的评述
027 （一）治理概念的西方来源
029 （二）治理的现代特征
030 （三）中国传统文化中的治理思想
032 （四）村庄治理治什么？怎么治？
037 四、同类做法
037 （一）“枫桥经验”与“浦江经验”：基层治理的成功实践
045 （二）陕甘宁边区创造依靠群众的马锡五审判方式
051 五、邀你共议

053 第二章
村庄治理中的基层党建

054 一、背景导入

055 （一）村级党组织在村庄治理中的领导作用
057 （二）党的领导与人才治理是开启村庄全面治理的钥匙
060 二、战旗实践
060 （一）战旗村的基层党建工作
067 （二）村党委依靠村民自治实现村庄善治
073 （三）村党委依靠村集体经济组织实现村庄经济自治
081 （四）党组织的超前意识和领导带头干的表率作风
088 （五）基层党建中的人才培育
097 三、我们的评述
097 （一）战旗村党委会成就村民集体组织力
100 （二）继承和发扬党的优良作风，是基层领导者必备的素质
103 （三）人民群众是历史的创造者
106 四、同类做法
106 （一）山东莱州田家村党支部组建多个乡村社会组织，培育乡村骨干人才
110 （二）内蒙古经棚镇联合会建立专职专业的总干事团队，培育青年人才
117 五、邀你共议

119 **第三章**
村庄治理中的村民自治

120 一、背景导入
121 （一）村民自治是农村基层治理的基本制度

125 （二）加强和完善村民自治组织建设，是实现基层治理现代化的基石
127 二、战旗实践
127 （一）战旗村的村民自治组织
133 （二）村民自治下的民主治理
143 （三）自治与德治
150 三、我们的评述
151 （一）战旗村的善治类型是法治保障下的以德自治
153 （二）清明会具有存在空间说明战旗村治理注重德治
157 （三）关于自治的中西方区别
160 四、同类做法
160 （一）村务监督制度的缘起——浙江武义后陈村的经验
167 （二）村民理事会、议事会等农村治理组织案例
176 五、邀你共议

177 第四章
集体经济的治理与管理

178 一、背景导入
180 （一）村庄经济治理和村集体治理有区别吗？
185 （二）大多数村庄的经济治理陷入困境
189 （三）三副担子一肩挑是强化乡村治理的重大措施
192 （四）村级集体的法人治理结构
195 二、战旗实践

195 （一）战旗村集体经济治理结构图和法人治理结构的特点
208 （二）战旗村全面治理的理念
212 （三）战旗村集体经济治理中的管理方式
227 （四）战旗村集体经济治理体系的主要特征
235 三、我们的评述
235 （一）对战旗村法人治理结构的再认识
240 （二）从战旗村的治理经验中可以学到什么？
248 四、同类做法
248 “莱西经验”：1990 年的历史总结
256 五、邀你共议

257 **第五章**

从战旗村的实践看村庄治理

259 一、村庄治理以谁为主体
260 （一）谁是村庄治理的集体主体？
262 （二）出现两个村级法定集体主体的历史原因
268 二、如何定位农村集体经济组织
268 （一）农村集体经济组织是股份经济合作社吗？
273 （二）作为特别法人的农村集体经济组织，特别在哪里？
277 三、如何看待农村集体经济组织和村民委员会的职能关系
277 （一）基层群众性自治组织法人也是特别法人
280 （二）农村集体经济组织和村民委员会的关系再讨论
284 四、对村庄治理的再认识

284 （一）如何认识中国村庄的现在和未来？
286 （二）村庄治理首先是集体经济治理
289 （三）村庄治理是非正式制度与正式制度的融合过程
291 （四）如何破解实现村庄民主治理的难题？
294 五、总结与建议
296 （一）扭转对村集体的错误认知
299 （二）确认村集体的主体地位和权力
302 （三）特别注重村党组织书记的选拔和培养
304 （四）建立对村庄全面治理的科学考察和评价体系

309 **战旗村大事记**

319 **后记**

第一章

村庄治理之道

一、背景导入

要说明白什么是村庄治理之道，先要弄明白什么是村庄治理。村庄治理这个概念有三重含义。

一是按地域划分的治理。村庄治理指的是对村庄这个地域范围的治理。村庄是国家乡村治理最基础的层级。国家治理可按城乡地域划分为城市治理和乡村治理。党的十九大报告提出，乡村泛指县域内的广大地区。那么，乡村治理就可以按层级分为县级、乡镇级、村级三级治理。

二是按对象划分的治理。村庄治理的对象，既有土地、森林、山岭、草原、荒地、滩涂等村集体所有的自然资源，又有生产设施、人居环境基础设施和教育、文化、卫生、体育、交通等设施，更有综合整治、社会福利等公共服务，以及村集体所有的资金、其他各类财产和村财务的管理。还有一个不能忽视的对象是人，村民自治和人才培育也是村庄治理的重要内容。

现在社会上存在一种对乡村治理的误解，认为乡村治理的对象就只是人居环境、治安、村规民约、道德乡风等，主体是生产关系，不涉及譬如土地整治、水利建设、乡村产业、村庄规划、生态保护等等有关乡村生产力的内容。这种认识是不全面的，也是与现实不符的。

三是按主体划分的治理。谁是村庄治理的主体？是村庄成员集体，还是乡、县政府，或者是龙头企业、外部社会力量？从长远来看，村庄治理如果不是让村庄集体自己成为治理的主体，而是由外部主体力量所主导甚至替代，村庄就会丧失自己的主体利益表达权与自主行动能力，就会部分甚至全部丧失自己的主体利益诉求。

再说村庄治理之道。治理之道是治理实践的理念和工作方式必须符合治理的内在规律。既然有道，也就有术。道是抽象的，术是具体的；道是规律，术是变幻无穷的。中国文化一直以来就有以道御术的传统。倡导道，就是将方向、道路、规律、趋势放在最高的位置。村庄的治理之道，就是在人与自然、人与社会的持续和谐安宁、共富共融方面实现村庄治理的规律。

1990 年，在山东省青岛市莱西市召开的村级基层组织建设座谈会上，中共中央组织部等五部门对村庄治理之道做出了精辟的总结：做好村级基层组织建设和村庄治理工作的主要经验是坚持“党的领导、村民自治和集体经济”。这一重大的村庄治理之道，后来被全国各地村庄治理无数成功经验与失败教训不断地验证着。

分别看这三条经验，“党的领导”是村庄建设的核心方向，“村民自治”是村庄建设的核心制度，“集体经济”是村庄建设的核心经济形态。这三要素缺一不可，可以说它们是三条原则，而且是以党的领导为红线来贯穿“村民自治”和“集体经济”的。这三条原则以中国式的独特方式，融合为一个整体，构成了村庄治理的整体性原则。

人们对村庄治理之道这三个要素的认识，起伏最大的是中国的村庄治理是否要以集体经济为经济基础。几十年来，中国农村的发展经历了中华人民共和国成立以来的农业合作化高潮、人民公社特别是1962 年“三级所有、队为基础”的集体经济定型时代、改革开放分田到户的土地承包制、21 世纪初的农业税费改革，以及自党的十八大开始酝酿，之后在党的十九大上明确提出的发展壮大新型农村集体经济，体现了不同时期对农村的不同关注重点。2017 年通过的《中华人民共和国民法通则》和 2022 年通过的《中华人民共和国民法典》均将农村集体经济组织定性为特别法人。2024 年 6 月 28 日，第十四届全国人民代表大会常务委员会第十次会议表决通过的《中华人民共和国农村集体经济组织法》（以下简称《农村集体经济组织法》），承继了农村集体经济组织是特别法人的上述法律规定。《农村集体经济组织法》的颁发，是中国社会生活中的大事件，因为它以法律这一最高的规范形式为中国农村发展的基本制度奠定了基石。这就是走集体经济的路，建立健全集体经济组织。只有这样，才能推进乡村全面振兴，加快建设农业强国，促进全体人民共同富裕。该法将于 2025 年 5 月 1 日起正式施行。这标志着农村集体经济组织承载的新型集体经济、合作经济、私人经济等各类市场主体共同发展，是今后农村整体发展和全面治理的历史性任务，从现在起就要形成稳定的组织体制和发展机制，才能长久坚持下去。

党的十九大以来，通过实施乡村振兴战略以更快地实现农民共富，从而推进全体人民共同富裕，成为从现在到 21 世纪中叶的全党全国全社会的奋斗目标。而实现这个目标所依托的基础，就是中国农村实行的四项基本制度：土地制度（农村土地属于农民集体所有）、组织制度（依托农村的集体土地建立的集体经济组织制度）、经营制度（集体土地以家庭承包经营为基础、统分结合的双层经营体制）、社会治理制度（乡村基层社会实行村民自治）。这四项基本制度是陈锡文①于 2022 年首次提出的，是对新中国成立以来，经过千锤百炼而锻造出的中国农村社会以村庄为基本单元这一独特本质的精准概括。这四项基本制度不仅是改革开放大变革中维系农村社会持续稳定的压舱石，而且是以村庄为基点，推动以县域为范围的乡村振兴，走上农民共富、城乡融合中国现代化道路的力量源泉。它与 1990 年莱

① 陈锡文，曾任全国人大农业与农村委员会主任委员，在农业农村战线奋战几十年，是被社会公认的国家农业农村政策专家。

西会议总结的农村基层治理经验“党的领导、村民自治、集体经济”在精神内核上是完全一致的。

以我们的理解，这四项基本制度的核心就是以农村土地集体所有制为基础建立的集体经济组织，通过统分结合的经营体制发展、壮大、包容个体与集体融合发展的新型集体经济，在村民民主参与和共商共议下实现村庄社区公共事务的全面自治管理。

纵观 1949 年以来中国农村的经济社会发展情况，可以说其核心就是在党的领导下具有村民自治内核的集体经济。改革开放以来，在推动农民共富、缩小农民之间及农民与城市居民之间的分配差距上取得显著成效的村庄，几乎都有这样的特质。战旗村就是其中的一个典型例子。

在计划经济体制时期，战旗村就是当地集体经济发展的典型。1983 年，战旗村按照国家政策要求，将土地承包到户，村集体也失去了土地经营的管理控制权。2002 年以后，战旗村先是将村办企业的集体经营权收回来，再是取得全村农户的认可，逐步实现了全村土地经营权回归村集体，并且把土地增减挂钩政策（减少宅基地，增加农用地）换取的资金用于将分散的农民住宅转换成集中建设的住宅新区。党组织根据不同时期的实际情况，带领全体党员和农民群众因地制宜、亦农亦工地发展乡村产业，在 21 世纪初就取得过全村人均收入水平达到全县第三的好成绩。自 2002 年到现在，战旗村集体经济越来越强。2022 年，村集体资产达到 1 亿多元，人均年收入达到3.85 万元，已经形成农文旅学商的社会企业集团。战旗村人的思想意识、生产和生活方式、产业的经营与管理、村庄的整体治理都发生了重大变化，展现了我国以村庄成员集体为主体的村庄治理的新方式。

战旗村在村庄治理工作方面也很有创造性。它不像有些村庄那样，只把治理工作局限于生活资料和社会关系方面，而是对村庄内部的生产、经营、生态、环境、基础设施、公共服务等方面进行系统化和安全性的整体治理。战旗村的村庄治理工作涉及了村庄的自主规划、自治管理、集体土地资源和集体财产的配置、产业发展、组织和人才建设、村庄公共服务、乡风道德建设等方面。

这是因为，战旗村的治理并非主要根据政府或者某些特定的外来投资主体的意见，而是以村庄成员集体的现实需要与发展需要为依据的自主治理。在战旗村党组织的领导下，一切重大事项由村民大会/村集体经济组织成员大会表决，由村集体设立执行机构选聘本村人进行具体操作，是以村集体为主体的治理方式。

只是像战旗村这样的村庄治理典型在中国的大地上还极为稀少。历经几十年变迁的中国农村，尽管国家从来没有明令取消村集体经济组织，但在家庭土地承包制完全取代土地的集体经营之后，制度变更的惯性导致大多数村庄的村集体经济组织只剩下发包土地的单一功能。这一职能还由20世纪80年代中期设立的村民委员会代行，集体经济和集体经济组织被长久空置，渐渐地被遗忘了。

2016年年底，党中央、国务院发文明确要求进行农村产权制度改革，重新提出要发展壮大农村集体经济。

专栏

农村集体经济是集体成员利用集体所有的资源要素，通过合作与联合实现共同发展的一种经济形态，是社会主义公有制经济的重要形式。

——摘自《中共中央 国务院关于稳步推进农村集体产权制度改革的意见》第一部分，2016

2024年6月28日颁发的《农村集体经济组织法》规定了农村集体经济组织的性质："农村集体经济组织是发展壮大新型农村集体经济、巩固社会主义公有制、促进共同富裕的重要主体，是健全乡村治理体系、实现乡村善治的重要力量，是提升中国共产党农村基层组织凝聚力、巩固党在农村执政根基的重要保障。"显然，它表达了国家对于农村集体经济的极高的政治期待，发展壮大农村集体经济已经成为新时期落实乡村振兴战略的重大战略手段和方式。

不过，想要恢复一个几乎被历史遗忘了的传统，将要经历的艰难困苦注定会比新建一种制度还要多得多。迄今为止，关于农村集体经济与村庄治理之间的关系，人们还有很多模糊的认识。如一些人认为，绝大多数的村庄集体没有能力成为主体，乡村振兴还必须将政府作为治理主体。因此，所谓村庄治理其实也就是政府对村庄的治理。村党组织、村民委员会的干部只要做好党政部门的代理人，承接政府下达的任务就是好干部。也就是说，政府给钱给物，村干部带头，完成政府要求的改水改厕、村容村貌环境整治等，村庄治理基本上就大功告成，能再多做一点的，就是推动乡风文明、倡导自治、法治、德治。至于村级经济，村里少能人、缺资源，产业振兴只能靠政府和外来资本的力量推动，让村里人搞集体经济，就只能亏本。巧妇难为无米之炊，村级经济无从发展，那么社会生态、文化、环境如何与经济发展相结合，更是不在考虑之列了。

但是，我们今后是否还能够继续采用类似过去脱贫攻坚行动中成功地以集中政府力量和社会力量调动起贫困村内部力量的方式来开展全国范围的乡村振兴战略工作？如果仅仅把村庄、村民作为治理客体，需要政府给乡村注入大量资源。全国有 48.9 万多个行政村，200 多万个自然村，那么大约 4 亿人的乡村振兴战略实施工作能够长期和全部靠外部力量吗？由外部包下来的思路意味着农村人口和乡村治理模式要成规模地转变为城镇化方式。这将让城市在经济、财力、公共服务、基础设施等方面承载的压力大幅提升，很可能会像一些发展中国家那样，出现城市就业岗位稀缺、失业人口比例过高、城市生活品质将劣质化、社会稳定难以维持等社会难题。

有人说，可以鼓励城市人口到农村去，置换一部分农村人口。但这即便做得到，也只能是一小部分地区。这样做不可避免地会产生一个后果，那就是除非外来资本和外来人力足够大，大到可以实现与本地人从物质基础到思想意识的融合，否则就会出现本地人在精神上受排挤打压、原生的文化传统与外来观念发生激烈冲突。

中国的村庄文化是经过漫长历史岁月的积淀逐渐形成的，几乎每个原生村庄都有自己的历史传统和独特之处，并非千村一面。这些最宝贵的历史文化遗产原本是这个村庄全体村民从先人那里一代代传承下来的，如果在某一代人手上终结，那么不仅村里人无法接受，从国家层面来看，也难以承受乡村非物质文化遗产的无端流失。

要让村庄成为村庄治理的主体而不是任由外来力量掌控支配下的客体，唯一的办法就是建设强大的村集体，发展壮大新型集体经济，通过党组织、村民委员会和集体经济组织将本村的自然资源和人力资源统合起来，村集体在外来力量的支持与帮助下逐渐成长，不断增强主体意识和主体行动能力，建设好自己的村庄家园。

从缺乏主体意识、事事依赖外部力量到提升自己的主体性，使自己由弱到强，这对于每一个愿意走这条路的村庄而言，必然是一个很长的过程。它意味着村庄集体在治理实践中要持续不断地致力于提升村干部乃至全体村民的认知水平和能力，让村干部和全村的男女老少都能认清，只有靠自己才能传承村庄历史，才有可持续的未来，进而激发热忱，抖擞精神，形成团结向上的劲头，为自己现在和未来的美好生活而共同努力。同时，村庄也需要与外部力量更好合作，内外互动，共同改变所处的现实环境，共同创造有利于改变的条件，让大家的美好期待成为可以逐步实现的行动目标。

提高认知水平和能力，最重要的方式就是持续不断地学习。向谁学习？当然是向一切好的典型经验学习。战旗村就是村庄治理方面的一个好典范。2018 年，习近平总书记视察战旗村时夸奖战旗村“战旗飘飘，名副其实”，并希望战旗村继续“走在前列、起好示范”。下面具体讲战旗村的治理之道。

二、战旗实践

（一）战旗村全面治理图

战旗村的治理有自己的内在逻辑，这就是现代版的乡村大家庭逻辑。战旗村的村民和全国各地的村民一样，有各种各样的性格和爱好，从事着各式各样的职业。清晨5点，晨雾散去，村民开始醒来，开始了一天的生活和工作。晚上万家灯火，各种不同的聚会在不同的空间里进行着。在战旗村，生活和工作似乎是一体的，一切都显得那么有条不紊。工作就是生活，生活和工作都是美丽的。人人脸上都洋溢着怡然自得的表情，似乎在告诉所有来村里的人："看，我们过得多么安逸。"

下面的战旗村全面治理综合框架图（如图1－1所示）就展示了将生产生活都纳入一个统一体的整体性的治理体系。

这个整体体系类似人形。最上面的圆圈是村党委领导下的村民委员会和村集体经济组织理事会，这三个主体成员交叉任职，形成三位一体的村级集体的领导班子，好像人的大脑。第二层的两个圆圈，党建和村民自治像是人体向外伸展的双臂，将遍布全身的动能用鼓动双臂的方式运转起来。中间部位用一个大圆圈连接四个小圆圈，代表职

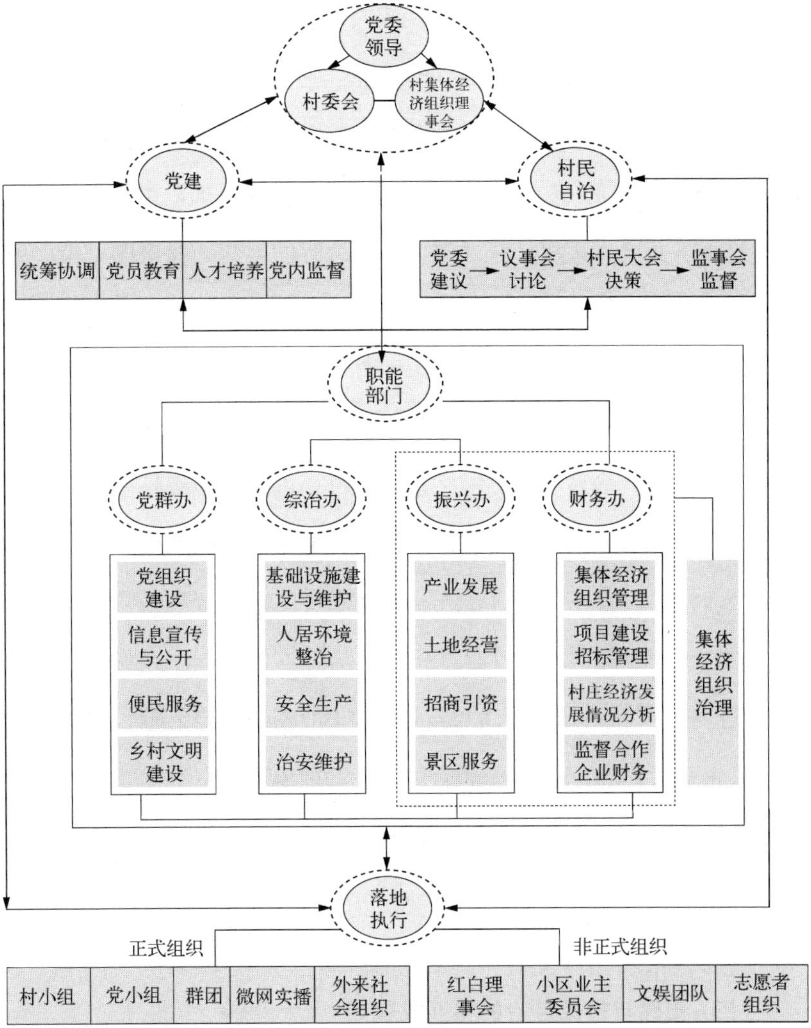

图 1-1 战旗村全面治理综合框架图

能部门由四个专业职能办构成，就像人体躯干有五脏六腑那样。每个职能办都是一个脏腑，都有明确的职能。它们既分工又合作，主宰着机体的各类运行机制，发挥着专业的职能。最下面的圆圈表示落地执行系统。这个系统内既有正式组织，又有非正式组织，类似人体的腿脚，要脚踏实地、实实在在地做事，将大脑的思想、双臂的动能、躯干的运行落到实处。

总之，战旗村的全面治理就像个有头有脚、有臂膀有身躯、有五脏六腑、有神经系统的人体那样，是一个各方配合的系统。它像一个全息性的整体网络系统，该网络系统的每一局部层级都具有信息应答和行为应答的节点单元。它有神经系统，像人体那样有中枢神经和周围神经。村级三位一体的领导班子就是掌控中枢神经系统的大脑、号令全村的总司令部，指挥着党建和民主治理这两个周围系统，随时随地与战旗村行政组织即四大职能办公室和落地执行部门进行信息交互。同时，它就像人的大脑结构分成左半球和右半球，左半球倾向于一点一滴地处理信息，右半球倾向于整体式处理信息那样，村庄领导班子也将处理信息的整体决策与处理一点一滴的日常工作紧密联系在一起。

（二）党建与村民自治的相互成就

在战旗村的全面治理综合框架图里，我们将党建和村民自治看作与血管紧密交织的周围神经系统。它只要能永不停息地运行，就能形成村庄民主治理的格局，让村庄这个生命体持续保持健康。保持村庄肌体健康的秘诀，一是要坚持多年实践中总结出来的工作制度和工作程序，二是要促进党建和村民自治的相互成就、互通共融。

战旗村的治理工作就是这样做的，在重大事项上，一直坚持党委提议—议事会讨论—村民代表会议决策—监事会监督的基本程序。正因为村党委在村庄全面治理中主动发挥领导作用，在“吃透政策、吃透村情”的基础上，积极地提出改变现状的发展思路，经过民主程序获得村民支持，增加了创新思路因地制宜落地的可行性，因而不仅做成了事，而且做成了一些大事，在村庄的政治、经济、社会、文化、生态建设等方面都取得了亮眼的成绩。

1. 党建与村民自治如何相互成就

实现基层党建和村民自治的相互成就、互通互融，是战旗村全面治理体系的一个重要特点。村党委通过加强基层党建，发挥党员模范带头作用，带动普通村民积极参与村庄公共事务，共同讨论决定村庄的大事，朝着民主选举、民主决策、民主管理、民主监督的方向走。同时，村民的自治通过微网实格落到村庄公共服务、小区环境治理、日常纠纷解决等村民看得见、摸得着且与自身利益相关的具体事务中。村民通过直接参与这些具体事情，朝着自我管理、自我教育、自我服务的方向走，也让基层党建有了抓手。

为了让基层党组织与村民自治之间有一个有效沟通的桥梁，推动彼此之间的互融，战旗村很重视建设好村民议事会这个具有枢纽作用的民间自治组织。大村的村民可有几千人，加上人员流动性大，很难召集会议，只有在涉及全村重大问题时才召开村民大会或村民代表会议。村民议事会受村民代表会议委托，参与村里重要日常事务的讨论和决策，进而增加村务的透明度。村民议事会使村干部与村民的日常联系更为紧密，让村民尽可能了解村里的各类事务决策与执行的来龙去脉。

在战旗村，实现基层党建与村民自治的相互成就，需要村党委的提前谋划和运筹帷幄。战旗村党委遇到大事时总是早思考、早谋划、早准备，给自己也给群众留够酝酿讨论甚至思想反复的时间。村领导班子开会讨论总是实打实的，把矛盾摆出来，把不同想法全讲出来，通过讨论和争论促进对问题和方案的深入思考。在思考不成熟之前，多等一等，决不匆忙下定论。基本思路形成后，以村领导班子为核心，一圈一圈地向外推展。从村“两委”成员到全体党员、全体村干部，再到村民议事会成员，再到村民代表，逐步扩大影响。在每次会议上，召集人都要将思路和方案讲清楚，还留有一定的时间让大家慢慢接受。只要有些村民不同意，就先放下，不着急推进。村党委书记高德敏经常讲，“让村民转变思想不是件容易的事情，我们要有足够的耐心，要学会用时间换空间”。

2. 乡村十八坊——一个相互成就的实例

这里介绍一下带有战旗村标志性建筑风格、堪称战旗传统特色乡村产业园的乡村十八坊。十八坊，从酝酿到决定再到建成，全过程历经9年时间。2009年，高德敏去山西参加村民委员会主任（以下简称“村委会主任”）论坛时受到启发：要想做好乡村特色旅游，别人家一般都是采用打造农业公园的方法，但农业公园概念太大，能不能从一个点——更具体的点——入手展示农耕文化？农村手工艺是农耕文化传承的载体，战旗村有不少工匠传承了祖辈们留下的手艺，如果让他们恢复技艺，集中地展示给大家看，不就可以形成战旗村的特色了吗？乡村十八坊创意就是这样产生的。

有了创意，只是第一步。建十八坊是件大事，必须得到全体村民的认可。在村党组织讨论时，有人存有疑惑，于是再放到村民议事会和村民代表大会上议论，反对意见更加尖锐：这路子哪里行？现在的年轻人哪个愿意买这些老掉牙的东西，都去超市买现代商品了。高德敏耐心地给大家做工作：“比方一只鸡，有圈养的，也有跑山的土鸡，它们的味道就不一样。再用砂锅或铁锅来炖鸡、烧鸡，做法不同，用料不同，味道就更不一样了。乡村十八坊是实实在在的匠人手艺，做的是工艺品，不是普通商品，和超市里的商品当然很不一样。”为了说服大家，增强对自我开发农耕文化产品的信心，高德敏带上村“两委”干部、村民代表、村里的工匠到陕西的袁家村、周至县沙河湿地公园景区、河南南街村、江油中坝酱油等地多次考察学习，专门看别的村的工艺品展示和销售。有意思的是，考察结束时，村民们都主动买了醋、酱油、方便面等带回家。可见大家对这些传统工艺品是认可的。回村后大家就开会讨论，发表感想，提出建议。眼见为实，大家纷纷表示建十八坊可行了。随后党组织提出方案，村“两委”商议达成共识之后，再提交党员大会进行审议，最后召开村民议事会、村民代表大会做出了决议，委托战旗村集体资产管理有限公司来实施十八坊修建工程。

自2012年到2017年，十八坊前前后后经历了三次外请专业机构的规划设计，但是都没有达到战旗村人心目中的预期效果。最后，还是在党组织的领导下，村民大会通过了结合多方设计成果的凸显川西建筑特色的方案，并且由村集体出资金，发动村工匠和其他村民一起动手自建，最终仅用1 000多万元就建成了占地几十亩的乡村十八坊，比专业机构的预算节约了三分之二。

战旗村之所以较好地形成了村庄民主治理的格局，根源在于党的基层组织建设做得好，保持了团结奋进、勇于争先、实事求是、公正廉洁的正能量，产生了令党员、村民和上级党组织认可信服的带头人，发挥了党的基层组织的战斗堡垒作用和党员的先锋模范作用，带动培育出了良好的村风。特别是村党组织成员这一班人作风好、能力强，全力以赴地把一件一件事情做成做好，受到村民的拥护，成为战旗村的聚力聚心塔。

（三）治理体系的职能操作系统

战旗村的大脑是“村党委、村民委员会和村集体经济组织”三位一体的村级领导班子。党建和村民自治是在大脑指挥下遍布全身的神经和血液系统。而按照职能专业化分工的四大职能办公室和集体经济组织操作系统，就相当于人体的五脏六腑，成为战旗村管理体系的主要支撑。

战旗村全面治理体系的要项——领导、组织和人才，我们将在下一章里专门讲，这里着重介绍战旗村很有特色的职能操作系统。

1. 战旗村的职能体系

四大职能办公室是按照职能进行专业化分工的一种格局。

党群办主要管党务和树立文明新风尚，下面有四个业务板块，分别是党组织建设、信息宣传与公开、便民服务、乡村文明建设。

综治办主要完成社会事务类的工作，下面分为基础设施及其维护、人居环境整治、安全生产、治安维稳四个板块。

振兴办和财务办重点是相互配合，办好村庄经济。振兴办下面的四块工作是产业发展、土地经营、招商引资、景区服务。财务办的工作是集体经济组织管理、项目建设招标管理、村庄经济发展情况分析、监督合作企业财务。

四大职能办公室涵盖了战旗村的政治、经济、社会、文化等方方面面的工作。这套职能体系很健全，很有特色，和许多其他做得不错的村庄的治理结构不一样。

2. 职能体系的分类标准和特点

首先，这个体系的职能分类是实实在在的，分类标准只有一个，就是工作的关联性是否紧密，而不是迎合潮流，将党务与村务、党组织与其他社会组织等分立成不同部门。

例如，党群办的职能中，信息宣传与公开、便民服务、乡村文明建设显然是村民委员会的工作，之所以被归入党群办，是因为这些工作就是基层党组织以人民为中心思想的具体体现。党组织不是说空话、放空炮的，为人民服务必须贯穿到村庄的各项具体工作中去。

又如综治办，将基础设施、人居环境整治，安全生产和治安维稳整合到一起，这增强了维护村庄和谐稳定的这些保障性板块之间的关联，有助于形成功能集成、反应灵敏、扁平高效、统筹协调的综合指挥体系。尽管在大多数村庄，上述后三项工作会按照政府的要求整合，但是在基础设施方面往往重建设、轻管理。党的十九大以来，国家给村庄投入了上千亿元的公共设施，水（水源、水井、水窖、水塔、污水处理设施）、电（高低压设施、路灯）、路（主干道、村道、连户路、产业路）、桥（普通桥梁、便民桥）、通信设施（光纤网络、手机信号塔、有线电视设备、电信设备）、公共活动场所（广场、健身场地器材）、绿化（花卉树木、花坛）、环境（垃圾桶、垃圾池、垃圾处理点）、行政及公共服务（村办公室—党群服务中心、卫生室、图书室、社工站点、养老服务点）、消防设备等。这些公共设施，有相当一部分归国家所有、集体使用，需要厘清产权、清产登记，建立台账，明确使用者即村集体的管理权限。因此，管理好这笔巨大的公共财产，建立和完善长效的农村公共设施运行维护机制和管理机制，让各类设施在日常生产生活中能够正常使用，让国家投资的目标——确保农村环境优美、整洁有序，设施完善、全面赶上城镇水平——得以实现，是对每一个村庄的重大考验。

战旗村通过综治办将农村公共设施管理纳入集体管理、《村规民约》，使其变为在党员带领下全体村民的自觉行动。村里成立了公共设施维护维修队，作为村内公益岗，人员统一着装，加强对环境卫生、垃圾桶、树木花卉花坛、排污管道的管理维护。他们发挥主人翁精神，农户房前屋后的公共设施由农户义务管理，谁损坏，谁赔偿。村里还建立了村民义务监督的机制，对破坏、损坏公共设施的人和事及时进行举报监督。

战旗村的职能部门还有一个重要特点，就是既要合并同类项，又要分工合作。战旗村将经济类的振兴办和财务办作为相连的两个板块，这对一般的村庄来说是很难做到的安排。财务办担负着村集体经济组织和全资企业以及合资、合作企业的管理功能。而这些企业的设立或合作，是村庄集体的重大事项，要由振兴办牵头做规划、组织、指挥、协调、控制。财务办以财务管理、财务分析、财务监督为管理手段，不仅配合振兴办做好具体细节的管理，还要给振兴办的规划设计提供翔实可靠的财务情况分析报告。同时，财务办还承担着上级政府部门交由村集体执行的所有资金、项目的收支和管理工作。

总之，四大职能办公室就是战旗村操作系统的四大支柱。有关人员扛起了战旗村的所有行政执行工作。四大职能办公室既分工又协作，需要哪些部门配合时，它们都无条件地支持。其实做到这一点很不容易，需要大家都怀揣一盘棋，都以村集体的整体利益为重，也非常需要主要领导者一碗水端平，公平公正地对待每件事、每个人。

为在村里形成好的作风、好的机制，战旗村特别注重老带新的人才培育工作。他们将四大职能办公室的一把手调整为年轻人，而委派村"两委"的老干部担任四大职能办公室主任的辅导员，尽提携和把关之责。

（四）治理体系的落地运行系统

负责战旗村落地运行工作的，既有正式组织，如村民小组（小队）、党小组，工（企业工会）青（共青团）妇（妇联）组织，以及微网实格——成都市政府要求加强建设的村庄内部治理性微型组织，也有非正式组织，如红白理事会、小区业主委员会、文娱团体等志愿者组织。此外，还有外来的社会组织。村"两委"领导班子很早就发现社会组织具有灵活性、机动性，能根据群众实际需求提供精准服务，补充村里照顾不到的一些地方。因此，村里在 2018 年引进了成都同行社会服务中心——主要由社会工作者组成的社会组织。`该组织的负责人易小兰是土生土长的战旗村人。他们通过前期走访和调查了解村民的现实问题和需求，再整合社区资源，提供了乐健康、养生课堂、兴趣工坊等老年健康工程，以及传播国学经典、倡导弘扬好的家风家训系列活动，还成立了环境卫士志愿服务队，普及垃圾分类常识等，受到村民的欢迎。

战旗村很早就自主推动了党员志愿者入户行动。上级党组织要求实行"党员联户制"之后，战旗村党组织非但没有采取强制或半强制方式强化要求，反而根据党员的实际情况，减少了党员入户的比例。这是因为他们考察工作绩效并非按照多少党员入户多少次的统计数据，而是重点考察是不是帮助群众解决了问题。因此，他们的做法能够得到党员和群众的拥护。

战旗村在“最后一公里”的行动中，破解治理形式化、空洞化有两大法宝：一是问题导向，解决问题就是最好的政绩；二是公不离私，私不离公，公私兼顾，集体为个体服务。村庄治理中多数村民的实际问题主要是利益分配问题。而解决这类问题需要以公平公正的乡村伦理来引导村民。战旗村在土地经营权和宅基地的平均分配上，集体经济组织成员资格确定上，住房格局、成本核算和分配上，十八坊建设和业主进驻上，新小区环境维护和改造上，都坚持了大、中、小会分别开，入户个别谈等多种方式，做通每一户的工作，最终实现了集体和个体双赢的格局。

（五）资源支撑

巧妇难为无米之炊。村庄的全面治理，村干部和社会工作者及其提供的公共服务，都需要一定的资源来支撑。

在改革开放之后，战旗村实行了分田到户改革，村庄治理面临的困境，一是缺乏人才，二是缺乏公共资源。资源虽然不是首要因素，只要有人，就可以“无中生有”、白手起家，但这是启动阶段的特殊状况，而不是可持续的常态。村庄全面治理，必须有足够的资源支持。

村干部的“垫付”和捐款，在一段时期内曾经是村庄治理工作依赖的资源，其代价是用村自然资源和政府农村政策资金的“暗度陈仓”，弥补村干部前期垫付的资金。近年来，为加强乡村基层治理，财政资金为村干部提供了工作补贴和基本工作经费。不过，这些资源仅能支撑“维持性、守摊型”的村庄治理。

村庄的全面治理是发展型治理，需要资源尤其是村内自主性资源的支撑。村集体经济，就是最恰当且最可持续的支撑性资源。近年来，国家要求所有行政村的集体经济收入达到每年 5 万元以上，就是希望村庄能够从依靠“财政输血”变成“自我造血”，推动村庄治理能够具有稳定的资源支撑。

战旗村的集体经济是自 20 世纪 70 年代起自主发展并不断壮大的，在历届有使命感、责任感的领导班子带领下，通过一套系统的管理机制特别是财务控制，较好地实现了村集体资产的保值增值和规范使用。战旗村对集体资产的管理，与乡镇政府对村集体资产的监督，形成了一种责权利对等的良好关系。乡镇政府的指导和监督工作有效到位且比较顺畅，也推动了战旗村集体经济的自主发展和不断创新。

战旗村的集体经济起步早，发展好，为战旗村的村庄治理提供了坚实的基础。第一，村集体经济收入主要用于改善村庄的公共基础设施和基础性的公共福利，为村民提供了良好的生活环境。第二，随着村集体经济的发展，与外来企业的合作日渐增多，为村民提供了大量就业岗位。第三，待遇留人，保障战旗村所有干部和公共岗位人员的待遇，不低于外出打工的收入；村治理骨干人员的收入不低于基层政府工作人员。战旗村专职从事村务人员的规模相当于一般村庄的 3～4 倍，除了村领导班子成员享受政府补贴外，其他人员的待遇都依靠村集体经济。用村集体经济不断发展壮大积累的资源支撑的村庄公共服务队伍，是战旗村村庄治理可持续发展的底气。

三、我们的评述

基层是一切工作的落脚点，乡村治理的重心在村庄。村庄治理作为县、乡、村三级乡村治理体系的底层，是构建乡村治理体系、提升乡村治理能力的基石和推进器。

为实现乡村治理的根本目的，即保障和改善农村民生、促进农村和谐稳定，村庄治理以及在此之上的乡镇治理和县级治理，都不可把发展乡村经济的治理和生态环境的治理排除在外。

有些人认为，经济发展是经济问题，生态环境是生态问题，与治理有关联，但不属于治理的范围。只有社会问题、社会秩序，以及与社会发展相关的公共服务、社会治安、社会保障、乡风文明等才是治理工作涉及的问题。这种认识是对治理概念的误解。

（一）治理概念的西方来源

治理是一个从国外引进的概念。真正成型的时间不足 30 年。简单地说，治理其实就是一种新的管理，不同于政府统治一切的传统的单一的管理方式。为什么会产生治理这种新的管理方式呢？这是因为人类社会不断向前发展，在很多领域出现了前所未有的多种多样、难于应对的问题。为了应对这些新的问题与挑战，人们在实践中逐渐形成了不同于政府一家垄断的各种合作机制与管理途径，它们确实有别于传统的政府式的管理，所以出现了一个新概念，叫作治理。

小知识

治理理论是怎么提出的

在全球范围内，治理理论是20世纪90年代才出现的。它的前身是20世纪80年代初的“地方治理”到80年代末“公司治理”，然后再发展成为“公共治理”，直到形成全球政府治国理政的转型趋势。所以说，治理的内容丰富、包容性强。它强调多主体之间协调、沟通、合作以达到共同利益最大化，反对简单命令式的行政化管控，倡导一种相对平等的新型关系。因此，从管理到治理，反映了人类的思想演变，它不仅是概念上的变化，而且蕴含了理念、方法、手段和制度等多个层面的深刻变革。

1995年，联合国全球治理委员会发布了一份报告。这份报告对治理的阐释在世界上得到了比较广泛的认可。该报告指出：“治理是或公或私的机构和个人经营管理相同事务的诸多方式的总和。它是使相互冲突或不同的利益得以调和并且采取联合行动的持续的过程。”

还有，治理就是对事关人类生存与繁荣的问题采用整体的解决方法，它必然会应用于许多不同的领域。

（二）治理的现代特征

治理普遍地被视为某种问题的解决机制。在问题解决的过程中，必然要涉及多层次和多种行为体的协调与合作。也可以说，治理就是以协调与合作为特点的新的管理模式。这种模式的推行要靠制度来规范。而制度的建立过程不仅有自上而下的推动，还有自下而上的压力；不仅有正式机构和规章制度，还有种种非正式安排。治理机制的建立不是以支配为基础的，而是以调和、沟通、民主决策、自治为基础的；治理同时涉及政府部门和非政府部门；治理并不意味着一种正式制度，而有赖于不同的行为主体持续地发生相互作用。总之，问题的解决方式并不能只由站在高位的主体或部门说了算。

尽管在治理过程中，政府还继续居于中心地位，但实践表明，为了有效治理，或者说有效地解决各种问题，政府不再是唯一主要的角色。在社会上活跃着的种种非国家、非政府的行为主体，不管是公共性质的还是私人性质的，都有可能成为治理中的主要角色。而政府注重的工作领域越来越朝向强化政策、法规、制度的制定与监管，朝向更加重视组织结构、信息技术、人才培育方面的工作，朝向提升政府工作的透明度等，并且更加注重不同类型的治理基础设施的建设和改进以及它们之间的相互结合。此外，政府还会更加主动地将原先独自承担的一部分职权和责任让渡给民间的组织、机构等去承担。这样的治理方式在全球已经成为大趋势。这种趋势在中国也被称为“政府公共管理社会化”。

（三）中国传统文化中的治理思想

以上说的治理的现代特征，是西方近半个世纪以来从政府行政控制的管理到协调、协商、协同管理变化的反映，而西方治理文化的根子是法治文化。这与中国治理文化是礼法文化有本质上的不同。

治理的思想在中国源远流长。“治”字的本义是水名。篆书的“治”的形旁就是水的象形，含有治水、整治、修治之义，譬如大禹治水。“理”，指的是规律、纹路，以及事物客观发展的趋势、方向。

“治”“理”两字连用，可以上溯到战国时期的荀子。他在《君道》中说：君王要“至道大形”，推崇礼义，使法制至高无上（“隆礼至法”），任用贤德（“尚贤使能”），汇集议论，公正考察，那么民众就不会怀疑了（“纂论公察则民不疑”）；奖勤罚懒，民众就不会懒惰了（“赏克罚偷则民不怠”）；同时听取各种意见，完全明察一切事情，那么天下人就会归顺（“兼听齐明则天下归之”）。然后要明确名分职责，根据轻重缓急来安排工作，安排有技术的人做事，任用有才能的人当官，没有什么得不到治理：为公家效劳的道路畅通了，而谋私的门径就被堵住了；为公的原则昌明了，而谋私的事情就止息了（“然后明分职，序事业，材技官能，莫不治理，则公道达而私门塞矣，公义明而私事息矣”）。

荀子所说的治理，指的是君王在明大义、至大道之后像治水一样顺势而为，引导各类事物顺应客观规律而进行正向的疏导。

可见中国古代先贤将国家治理与君王大道直接相连，认为只有通过善治，才能达到社会的公正、公平和公义。

荀子给予古代君王的重要建议是隆礼重法。礼主要是指要用道德礼义、行为规范去教化人，使人去恶扬善，主动去做合规的事情，通过道德和规范来防患于未然。礼是法的纲领和指导原则，“礼仪生而制法度”，在礼的基础上才可能产生法。所以，礼法文化一方面发挥了“礼文化”的教育教化作用，另一方面强调了“法文化”的扬善惩恶作用，两者相辅相成，对确立政治价值导向和形成良好社会风气起到了重要的作用。这是后人基本达成共识的以“礼治秩序”为核心内涵的礼法文化构筑了中华文明的独特性。礼虽然不等于道德，但是有道德的要求；礼虽然也不等于法律，但是体现了法的功能。构建礼治秩序，则是将它作为一种社会组织与社会管理的方式，通过习俗、仪式等实现社会的秩序与和谐。

所以说，在治理的主导思想上，中国传统讲礼义伦理，西方传统讲法律原理；中国传统注重贵和尚中，西方传统强调权力制衡；中国传统重视家庭价值和人与自然、人与社群、人与人的协调，西方传统重视个体为本、个人价值。今天，中国法治建设不能靠移植西方法律，必须发掘中华礼法文化的智慧，体现中华伦理社会的底色，同时汲取西方法治文化的精髓，在融合中西文化的基础上开辟新路。

（四）村庄治理治什么？怎么治？

了解了“治理”词义的来源和中外具体涉及问题的含义，前面提出的问题解决的方法论就清晰了。无论是乡村治理还是村庄治理，都要从本地实际出发，面对乡村振兴中的诸多问题，用整体观的思想、协调与合作的方式，顺应客观规律进行正向疏导。

村庄治理治什么？村庄不同于乡镇、城市最重要的特点就是有土地。所以村庄治理的第一要义就是土地治理。而后，在土地上生存的人要依靠产业发展解决生计问题，所以第二位是产业治理。再次，在以村庄为社区范围的人们要一起安居乐业，和谐共处，就需要“明分职，序事业，材技官能”，使社区治理井然有序。这样一套治理秩序，对村庄社区和城市社区而言，并没有本质上的差别，只是乡村比起城市无论是能力还是水平都要差一大截。所以中共中央办公厅和国务院办公厅在2019年印发的《关于加强和改进乡村治理的指导意见》中明确将“显著提高乡村公共服务、公共管理、公共安全保障水平”，实现“乡村治理体系和治理能力基本实现现代化”作为2035年乡村治理要达到的目标。

比起“村庄治理治什么”“如何治理才能做到真正有效”，“村庄治理怎么治”才是真问题和大问题。

有人说，村庄治理最终是要实现村民的根本利益、确保村民积极参与，所以核心是村民自治。有人说，就村庄治理而言，实现“和谐的秩序”最重要，良好的秩序和村民参与是村庄治理的主体内容，是实现“自治、法治、德治”三治结合的乡村治理体系目标的关键。而我们农禾之家研究组经过多年农村基层调研工作，一致认为1990年“莱西会议”提出的“党的领导、村民自治、集体经济”三位一体才是实现乡村善治的钥匙。

对于党的领导、村民自治，大家都好理解，但对于集体经济的认识，是与农村几十年变革的跌宕起伏过程紧密相连的。人们在理解和实践党的重要文献精神时，不可避免地会存在不少认识上的差异：不少人在认识中将农村经济、产业发展排除在治理体系之外，又有些人将农村集体经济排除在发展壮大农业农村经济的主流之外。

本书采用“解剖麻雀”的方法，以战旗村几十年来从人民公社时期的“旧”集体经济到改革新时期新型集体经济的发展历程为典型案例，就是希望能够阐明这样一个道理：战旗村之所以做得好，能够被习近平总书记夸赞“战旗飘飘，名副其实”，而且在振兴乡村的事业中，一直做到了“走在前列、起好示范”，就是因为建立起了一整套有效的村庄治理体系。而这套治理体系之所以有效，根子在于战旗村在村党组织领导下实行了以集体经济治理为核心的村庄秩序的全面治理。

打个比方来讲，战旗村的这套治理体系就像是一个有大脑、有躯干、有手脚、有主见、有行动力的健全的人。大脑有神经中枢，不仅用来思考、规划、决策，而且通过遍布全身的神经网络，起到牵一发而动全身的作用。躯干是实体管理部门，对村务和集体经济事务实行全面管理。手脚灵活自如，随时根据实际情况进行必要的调整变动以趋利避害。这样一个有明确的目标，有行动力和协调能力的组织体，内部的运作机制是自如和通畅的。

战旗村将村庄的土地治理、产业治理、社区治理都融入这个全面治理体系中，一刻也没有脱离党的领导和村民自治。这在一定意义上，正是党建工作和村民自治的相互成就，让战旗村的治理体系实现了治理有效的最高价值——获得了广大农民群众的衷心拥护，体现了共产党以人民为中心、人民至上的核心价值。可以说，今天战旗村的治理架构和治理能力，已经不逊色于目前中国城乡中的任何一个社区。

我们发现，如果用现代以善治为导向的治理体系制度的几大要点来衡量，那么就参与性、共识取向、责任性、透明性、回应性、有效性和效率性、公平性和包容性以及遵循法治而言，战旗村都能交出满意的答卷。如果从中国传统的治理思想和文化的视角来考察，那么战旗村也能很好地将乡土特点与现代制度结合起来。这些突出体现在以下两个方面：一是道德引领和文化引领已经嵌入平常的村庄文化行为中，开展乡风评议，弘扬道德新风，结合传统节日、民间特色节庆举办文化活动，已经成为村民的习俗。二是村民的议事协商的理念行为形成制度性习惯。党组织和村民委员会依托村民代表会议、村民议事会、村民理事会等非正式的组织形式，实实在在地履行了重大事情必须经过村民的多轮议事协商的规定，村民委员会下辖的村务监督委员会还要对此进行具体监督。

总结战旗村的村庄治理工作，下面三个方面具有示范性意义：

一是制度强。形成了一个党组织全面领导抓关键、管理到位不越位不缺位、保护村民权利、实现村集体主体性的治理制度体系。

二是组织强。党组织负责人、村干部、村民，与村外的多元主体之间，形成了心意相通、相互促进、相互成就的关系。

三是村集体经济强。党组织吃透政策、把握机遇，将党员和村骨干一班人打造成一支召之即来、来之能战的坚强队伍，团结村民共同奋斗，整合土地资源，优先进行村庄规划，以集体资产为核心，对乡村产业进行管理和经营，形成了稳步、逐步、按规划推动的发展节奏，朝着建设充满活力、和谐有序的乡村社会，实现中国特色社会主义乡村善治的目标前进。

最后要说的是，战旗村仅仅是我国西部大城市郊区的一个普通村庄，并没有超越一般村庄的自然资源、政策资源的优势条件。战旗村能做到的，其他一般村庄也应该能做得到。从宏观视角看，我国的乡村振兴与发达国家不同的是，不可能走大量村落消亡、大量土地整合或兼并的模式，而是仍会保持较大规模的农村人口，将长期实行农村集体经济与农户个体经济统分结合的经营方式。在这种前景下，如何缩小城乡差距和农村的地区差距，解决农村内部发展不平衡和不充分问题，切实推进农业农村现代化，是巨大的难题和考验。

我国的乡村治理体系，既不能简单模仿发达国家，也不可保持现状或者受制于某些理念而踟蹰不前，需要坚持实事求是，走群众路线，独立自主地进行创新尝试。那么，类似战旗村这样符合一般乡村现实情况，经过实践检验，确实有利于缩小城乡差距和农村的地区差距的具有改革和制度创新意义的典型村庄案例，就非常值得我们去整理、汇总和分析，为中国式的乡村治理体系探索出一条新路来。

四、同类做法

(一)“枫桥经验”与“浦江经验”:基层治理的成功实践

“枫桥经验”发端于1963年中国特色社会主义教育运动，在60余年的实践中，常履常新，形成了“小事不出村、大事不出镇、矛盾不上交”的主要特征。“浦江经验”发端于2003年省委书记信访下访实践，以深入基层、联系群众、真访民情、实心办事为特征。

“浦江经验”和同样发源于浙江的“枫桥经验”，一个由上而下，一个由下而上，两者均为社会治理的源头治理，它们互为补充、相互贯通，是中国国家治理体系和治理能力现代化在基层的成功探索。

1. “枫桥经验”的缘起、发展与成熟

1963年，全国农村普遍开展社会主义教育运动，提出要把绝大多数“四类分子”改造成新人。浙江省委选择将诸暨等县作为社会主义教育运动试点，并遵照中央和毛泽东关于对地富反坏分子基本上采取“一个不杀，大部不捉”的指示执行。当年10月，公安部领导来浙江视察，发现了枫桥区“没有捕人”的经验，就立即向正在杭州视察的毛泽东作了汇报。毛泽东肯定地说，“这叫矛盾不上交，就地解决”，并指示要好好进行总结。之后，公安部调查组赴枫桥，总结出了“枫桥经验”。其主要精神是“捕人少，矛盾不上交，依靠群众，以说理斗争的形式把绝大多数‘四类分子’就地改造成新人”。毛泽东作了重要批示：“要各地仿效，经过试点，推广去做。”他对公安部负责人强调：“从诸暨的经验看，群众起来以后，做得并不比你们差，并不比你们弱。你们不要忘记动员群众，群众工作做好了，可以减少反革命案件，减少刑事犯罪案件。”1964 年 1 月，中共中央发出了《关于依靠群众力量，加强人民民主专政，把绝大多数四类分子改造成新人的指示》，把“枫桥经验”推向全国。之后，中共中央连续两次指示推广“枫桥经验”。这一时期的“枫桥经验”主要是“对敌斗争”的经验，是改造“四类分子”的经验。

1965 年后，“枫桥经验”逐渐与社会现实密切联系起来，在就地教育、改造流窜犯和懒汉二流子，帮教失足青少年和一般违法人员方面，都进一步丰富了原来的内容。1978 年，党的十一届三中全会后，枫桥又在全国率先对经过长期有效改造、表现好的“四类分子”进行群众评议，再经上级批准，全部摘帽，推动了全国落实“四类分子”政策的顺利进行。1979 年 2 月 5 日，《人民日报》发表了《摘掉一顶帽，调动几代人》的长篇通讯，报道了枫桥区落实党对“四类分子”

的政策，做好摘帽工作的消息。摘帽是一个重新调整社会关系的重大举措，标志着我国社会开始抛弃“以阶级斗争为纲”的错误路线，也意味着“对敌斗争”在中国基层社会的淡化。

改造“四类分子”的历史使命结束后，随着党的工作重心的转移，“枫桥经验”的着力点放到维护社会治安上，逐渐向构建“群防群治”的综治经验转变。针对改革开放后社会关系和社会矛盾复杂化，民间纠纷增多、治安问题增多、违法犯罪增多的突出社会问题，枫桥区加强农村治安保卫组织建设，重视基层社会综合治理工作，积极发动群众，运用多元方法，就地解决治安纠纷，全面重视基层帮教工作，加强对公共复杂场所的治安管理，推动基层调解工作的继续发展，避免了许多可能出现的恶性案件，基本上做到了“小事不出村、大事不出镇、矛盾不上交”。

枫桥区依靠群众管治安，加强社会防范机制，建立红枫义警、枫桥大妈、枫桥乡贤联合会、枫桥调解志愿者联合会、律师工作室、镇联合调解中心等 50 多个大大小小的社会组织，形成 5 000 多人的队伍，在治安巡防、矛盾化解、社区矫正等领域内发挥作用，“群防群治”的社会治安综合治理模式由此得到确立。枫桥区还破解了过去县乡断层、条块分割等基层治理体系的诸多问题，实现了综治工作、市场监管、综合执法、便民服务等功能的整合。追求平安和可持续发展已经内化成枫桥人的行动自觉。

为了使群众日常工作、生产和生活中有规可依、有章可循，枫桥区各乡（镇）还根据宪法和法律的规定，制定了乡（镇）规民约，绝大部分村也制定了村规民约，作为乡（镇）规民约的实施细则，这对加强群众的自我管理、维护正常的社会秩序起到了较好的作用。

新时期的“枫桥经验”以法治为核心，并与自治、德治融为一体，构建新时代乡村振兴战略的重要治理基础，目前正在向网上延伸，适应大数据时代要求，营造智慧乡村治理环境。

“枫桥经验”的真正创造者和发展者始终是人民群众。历经60余年的发展，其基本原则是：第一，以公正公开为导向，加强基层民主建设。不呆板、不抱残守缺，不被习惯和思维定式牵着鼻子走，是枫桥当地干部群众的一个鲜明特征。第二，以制度建设为保障，增强村规民约的合法性。第三，以纠纷解决为突破口，坚持在基层依法化解矛盾。

2003年，在“枫桥经验”提出40周年之际，时任浙江省委书记习近平同志回顾总结了浙江学习推广“枫桥经验”的成功实践，要求各级党委、政府和广大党员干部要牢固树立“发展是硬道理、稳定是硬任务”的政治意识，充分珍惜“枫桥经验”，大力推广“枫桥经验”；不断创新“枫桥经验”，并在浙江全面加快建设“平安浙江”“法治浙江”的进程。

历经60余年，经毛泽东同志批示和推广的“枫桥经验”依然保持强劲发展态势。“枫桥经验”长盛不衰的主要原因在于其核心内容是“矛盾不上交”，强调各地在发展过程中所产生的矛盾纠纷以及社会治理中存在的困难尽量由地方自己努力解决。至于如何解决，就要依靠当地党委、政府的治理水平和群众智慧。中国共产党在革命过程中，就特别注意依靠群众智慧解决基层问题。在陕甘宁革命根据地时期，中国共产党就强调“调解”并大力倡导“马锡五审判方式”，希望把矛盾化解在基层。在这一点上，“枫桥经验”与之一脉相承，将矛盾和纠纷化解在基层社会，为国家与社会减轻了现实压力。

2. “浦江经验”的缘起和发展

要问基层工作中哪一项最难，很多人直言，信访工作是“天下第一难事”。然而，2003年，时任浙江省委书记习近平把当时的信访大县——金华浦江，选作领导干部下访接访群众的第一站，在现场解决群众难题，开创了省级领导干部下访接访的先河，“浦江经验”由此形成。

2003年9月8日，一则预公告在《浦江报》头版连续刊登三天：9月中旬，省委主要领导及省级有关部门负责同志将与浦江县领导一起接待群众、处理信访。公告一出，全县轰动。

9月18日一早，习近平同志如约而至。同时在现场的还有近千名来访群众，有的甚至从几十里外的乡下赶来。第一批群众代表反映了十多年来未得到解决的浦江段山路拓宽改造问题。习近平同志听完群众诉求，在征求省有关部门负责人的意见后，当场拍板：这是一条山区群众的“小康之路”，不仅要建，而且要建好。两年后，该条路段全线贯通。2006年新年伊始，一封盖有浦江西部山区97个村民委员会鲜红印章、代表20多万村民的感谢信，寄到了习近平手中。

那一次，习近平和省地县有关领导同志总共接访436批667人次，当场解决了91个问题。这样大规模的领导接访活动，这么多基层群众主动参与，这么短时间里当场解决一批信访问题，多年来都是少见的。此后，在习近平同志的带动下，领导下访在浙江全面推开，省、市、县三级领导干部下访蔚然成风。各级领导干部直奔基层、直面群众、直击矛盾、直接解决问题，逐步形成以“变群众上访为领导下访，深入基层，联系群众，真下真访民情，实心实意办事”为主要内容的“浦江经验”。得益于此，2005年的浙江全省信访总量出现了自1992年以来的首次下降，信访秩序明显好转。

“浦江经验”能够及时发现政府政策和社会治理中的苗头性、倾向性问题，从源头上预防减少矛盾纠纷的产生，“抓前端、治未病”，让领导干部每一次走下去，都成为对基层治理底座的一次加固夯实。实践证明，在大量减少上访数量、及时化解社会矛盾、推动社会治理创新和人民安居乐业上，“浦江经验”是行之有效的有益创举。时至今日，浙江基层治理水平、社会公平程度、群众安全感指数都走在全国前列。

“浦江经验”证明，基层既是矛盾问题的主要来源，也是解决问题的最佳主场。但前提是领导干部要走出去、走下去，和群众同坐一条板凳、同围一张桌子，面对面了解民生疾苦、掌握实际需求，让群众对干部多份信任、少些怨气。问题解决了，老百姓心气顺了，信访问题自然也就迎刃而解了。

“浦江经验”是对领导干部能力水平的一场考试，群众是考官、矛盾是考题，群众满意就是正确答案。“浦江经验”能赢得民心，不是因为做出了下基层的样子，更不是因为说了几句“漂亮话”、打了一套“太极拳”，而是因为把落脚点放在了“事要解决”上，真正发现并满足了群众的需求，让大家得到了实惠。领导干部是真情实意、全心全意地来解决问题，还是虚情假意、三心二意地来作秀，对老百姓的需求是“马上就办”还是“层层空转”，每个人心里都有一杆秤。

践行和发展“浦江经验”，全党大兴调查研究之风，领导干部下访是一个重要抓手。2022 年 5 月 1 日，中共中央、国务院印发的《信访工作条例》正式施行，明确提出信访工作是党和政府了解民情、集中民智、维护民利、凝聚民心的一项重要工作。自落实《信访工作条例》以来，浙江省委、省政府主要负责同志带头接访，其中省级领导接访下访 4 100 余次，包案化解疑难复杂信访问题 3 200 余件，有效带动各级领导干部认真履行信访工作责任。

20 多年的坚持发展，“浦江经验”已不再局限于信访层面，它在社会治理体系中的内涵不断得到丰富。

链接资料

1. 金伯中.“枫桥经验”的发展历程与重要启示［EB/OL].（2021－11－12）［2024－01－20］. https://www.sohu.com/a/502672051_257321.
2. 余钊飞，罗雪贵. 枫桥经验：基层社会治理法治化的历史演进［J]. 山东科技大学学报（社会科学版），2018，20（3）：47－54.
3. 邬焕庆，赵超，袁震宇，等. 扑下身子“迎考”沉到一线“解题”：解码“浦江经验”［EB/OL］.（2023－08－20）［2024－01－20］. https://news.gmw.cn/2023-08/20/content_36775706.
4. 浙江宣传. 浦江经验如何破解“天下第一难事”［EB/OL].（2023－04－23）［2024－01－20］. https://www.ncmc.nbtv.cn/xwdsg/gn/40022829.shtml.

(二) 陕甘宁边区创造依靠群众的马锡五审判方式

抗日战争时期，时任陕甘宁边区高等法院陇东分庭庭长的马锡五同志创造了将群众路线的工作方针运用于司法审判工作的审判方式。1944年3月13日，《解放日报》发表了评论文章《马锡五同志的审判方式》，介绍了马锡五审理的九个典型案例。他在办案中依靠群众、调查研究，解决疑难问题并纠正错案，使群众在审判活动中得到教育。他审判刑事案件，重证据，重调查研究，不轻信口供，务求核实证据、查清事实，证据不扎实、事实不清楚，绝不下判。他审判民事案件，总是深入群众调查研究，既坚持原则、坚决执行边区政府的政策法令，又照顾群众的生活习惯和善良风俗，既主持审判，又善于通过群众中有威望的人士对双方当事人开展解释说服工作，把审判与调解结合起来。审判的结果都能做到是非分明，说理充分，符合政策法令，合乎人情事理，当事人口服心服，群众也受到生动而实际的教育。他的诉讼手续简易便民，不论早晨、晚上，田间、炕头，随时随地接待群众，审理案件。毛泽东为马锡五题词："马锡五同志：一刻也不离开群众。"

马锡五在抗日战争和解放战争时期的革命根据地这个特定的历史

条件下，冲破旧司法制度陈规陋习的束缚，把党的实事求是精神和群众路线运用到审判工作中，创造了一种崭新的依靠人民、便利人民、深受人民喜爱的审判方式。它对于解放区人民司法制度的建立与发展发挥过历史性的积极作用，对于新中国司法制度的建立和发展也产生了深远的影响。

马锡五审判方式首先在陕甘宁边区得到普遍推广，以后其他解放区也逐步加以学习借鉴，都收到了良好的效果。比如，各地司法机关在处理民事案件和轻微刑事案件的过程中，以调解方式结案的比例大为增加，这对于增强人民内部团结、促进生产发展，起到了良好作用。各地还涌现出一批推行马锡五审判方式并取得好成绩的优秀审判员。

马锡五审判方式实例

马锡五办案将调解与审判相结合，让当事人心服口服。要调解必须依法讲理，马锡五说："谁个劣，谁个不劣，谁个最甚，谁个稍次，谁个惩办要严，谁个处罚要轻，农民都有极明白的计算。"

1944 年，马锡五到华池县检查工作的时候，突然遇见一个女青年拦路告状。这个女青年叫封芝琴，由父母包办自四岁起与张金才之子张柏订婚，到 1942 年封芝琴长大成人，见过张柏，愿与他结为夫妻。

但封父为从女儿身上多捞“彩礼”，先是暗中将封芝琴许给另一人为妻，后又与张家退亲，准备将女儿卖给财主朱寿昌。张金才知道后，带人持械深夜闯进封家抢人回家成亲，被封父告至县上。县司法处未经周密调查，以“抢亲罪”判处张柏与封女婚姻无效，张父被判刑六个月，草草结了案。封、张两家都不满。封芝琴步行80里，向马锡五告状。

马锡五受理后，首先询问区乡干部及附近群众，多方了解案情，并找平时与封芝琴来往较多的人谈话，再亲自征求封芝琴的态度，封芝琴表示，“死也要与张柏结婚”。马锡五广泛听取了群众意见后，召开群众性公开审判大会，做出如下判决：一、张柏与封芝琴的婚姻，根据婚姻自主的原则，准予有效。二、张金才深夜聚众抢亲有碍社会治安，判处短期徒刑；对其他附和者给予严厉批评。三、封父以女儿为财物，反复出售，违反婚姻法令，判处劳役，以示警诫。这样的判决合情合理，群众听后十分称赞，胜诉者封芝琴和张柏更是皆大欢喜。马锡五对“封芝琴婚姻案”的公正审理，不仅使一对反对封建婚姻制度、争取婚姻自主的青年的心愿得以实现，也使群众在参与案件审理时能充分发表意见，同时也受到了教育，增强了自觉遵守边区婚姻条例的意识，有力地打击了买卖婚姻的陋习。后来边区文艺工作者以此事为素材，编写了鼓词《刘巧儿团圆》和剧本《刘巧儿告状》，以后又改编成评剧《刘巧儿》。

1944年，在曲子县发生了一起无头凶杀案，经当地县司法处初步调查，认定苏发云兄弟三人有杀人嫌疑，理由是有人看见被害人孙某遇害前曾与苏发云同路而行，并在苏发云家的炕上、地上和斧头上发现了血迹。于是县司法处把苏氏三兄弟关押达1年之久，被关押人一直喊冤。县司法处因证据不足，既不能定案，又不敢果断地排除嫌疑放人。马锡五介入调查后，除了及时查阅案卷，亲自审阅、讯问案件当事人，还另派可靠同志化装成普通百姓，到当地与群众共同生活、生产一个多月，查明：(1) 苏云发与被害人孙某同路行走及后来分开，都有他人证明，说明苏云发并未将孙某带到自己家里。(2) 苏云发家离案发现场20多里，如果在苏家把孙某杀害，然后再将尸体移至20多里外的第二现场，那么从时间上计算是不可能的。(3) 苏家的几处血迹，经仔细调查核实，炕上是产妇的血迹，地上的血是苏家有人患伤寒病流的鼻血，斧头上是宰羊的血迹。这样，参与调查的人便排除了苏氏弟兄的杀人嫌疑。可是，真正的凶手又是谁呢？再经过深入调查，马锡五掌握了犯罪嫌疑人杜老五利用斧头杀人的作案经过。但是，被害人的头颅和用来作案的斧头下落不明。马锡五力排众议，坚持要找到被害人的头颅与凶手的作案工具。经过调查，他们终于找到了令杜老五认罪的确凿证据。案情水落石出，区政府召开了群众大会，宣布苏发云兄弟三人无罪释放，同时处决了谋财害命的凶犯杜老五。

通过对这些在边区影响颇广的案件的正确处理，马锡五受到了陕甘宁边区根据地居民的称赞，被誉为“马青天”。他的审判方式也受到革命根据地人民群众的欢迎。

马锡五审判方式的原则和做法

在马锡五看来，调解不能适用于所有案件，“它只限于一般民事纠纷和轻微刑事案件，而对社会危害性较大的刑事案件，是不能调解的”。调解时必须坚持三项原则，即“调解必须双方自愿，不能有任何强迫；调解必须遵守政府政策法令，照顾进步风俗习惯；调解不是诉讼必经程序”。

马锡五审判方式为何具有持久的生命力呢？是因为马锡五把党的群众路线贯彻到工作中，在调查时善于依靠群众，与群众打成一片，从而得以最大限度地了解案件的来龙去脉。在切实了解案情的同时，他还广泛听取广大群众对案件的看法和处理意见，审判时斟酌参考，既保证了案件审理的正确性，又取得了良好的社会效果。

在具体案件调解中，马锡五善于依靠有威望的群众对双方当事人开展解释说服工作。他为人民解决纠纷，又依靠人民解决纠纷。在物色这些人员时，他重点把握以下三点：一是尽量选择熟悉当事人和纠纷情况的人；二是要在群众中有威信，说话公道，处事公正；三是和双方当事人无亲属关系，与案件无利害关系。

马锡五强调，群众参与判案不等于群众判案。在具体的司法过程中，“我们要尊重群众的意见，对于民事案件，必须征求当地群众的意见。刑事案件也要重视群众的意见，甚至在群众的帮助下找到最重要的物证。但是我们也认识到，群众不是法律专家，对侦查技术不熟练，他们的意见可能为犯罪者造成的假象所影响。因此，不是无条件地采用，而是必须以政策法令为准绳，看其是否与之相合；必须用科学的检查技术加以审查验证，看其是否合乎客观真实的证据”。

马锡五审判方式所体现的许多具体原则和做法以后被直接运用于新中国的民事诉讼中。以联系群众、司法为民与公正司法为核心的马锡五审判方式，是我国司法制度发展史上的重要里程碑，至今还在源源不断地为我国司法改革提供“养分”。

链接资料

齐树洁. 马锡五审判方式［EB/OL］.（2022－01－20）［2024－01－20］. https://www.zgbk.com/ecph/words? SiteID=1&ID=83676&Type=bkzyb&SubID=48344.

五、邀你共议

1. 村庄治理的三个要义是什么？为什么这三个要义都不可或缺？请结合本地实践，分析你们缺的是什么，如何影响了村庄治理的整体质量。

2. 为什么说村庄治理之道在“凝聚民心民力民智”？可以从哪里入手？

3. 将“枫桥经验”同“浦江经验”“战旗经验”进行比较，分析其相同点和不同点，看哪个方面最值得自己所在地域学习。

第二章

村庄治理中的基层党建

一、背景导入

我们在第一章中讲过，村庄治理之道最根本的要义就是将党的领导、村民自治、集体经济这三个要素相互贯穿、有机结合，使它们融为一体。

这三个要素也分别代表了村庄内的三类组织及其所对应的三个核心功能在乡村全面治理工作中最为重要的不可或缺的基础性制度支撑。这三大方面的工作做好了，村庄发展和村庄全面治理就能够步入坦途。反之，其中任何一个方面出现问题都会最终使村庄社会逐步丧失和谐。

村党组织是村庄内的政治组织，是指引村庄全面治理行动方向的核心；以村民委员会为核心的集体组织是村庄的社会组织，由它组织村民和其他各类社会组织团体开展各项村庄社会治理工作，村民自治与民主参与是其组织制度的基本原则；村级集体经济组织承担开发利用集体资源和经营管理集体资产的职能，具有包容多种经济组织形态的灵活性、适应性，为村民谋福祉，为社区公共服务提供经济支撑。这三个要素所代表的政治组织、社会组织、经济组织都在村庄内的社会经济文化实践中发挥自己的作用，构成中国基层乡村社会和谐稳定发展的支撑性基础制度。好的村庄治理总是能够将这三类组织的作用和功能很好地融合在一起。尽管我不是你，你不是我，不过一定是你中有我、我中有你，我和你永不分离，而且各类组织之间总是互相支持、相互协调的。贬低、削弱、否定三个要素中的任何一个，都会使村庄治理工作埋藏下灾难性的后果。可以说，这三个要素既相互独立又相互融合，是构成一个整体的村庄治理方式的要件，是社会主义中国独特的乡村治理方式。虽然我们往往一时难以说清它背后的机理、机制，但很多村庄治理的成功经验与失败教训都证明了这三个要素“三位一体”的重要意义。

（一）村级党组织在村庄治理中的领导作用

村级党组织是中国共产党的基层组织。2021 年通过的《中华人民共和国乡村振兴促进法》规定：“中国共产党农村基层组织，按照《中国共产党章程》和有关规定发挥全面领导作用。村民委员会、农村集体经济组织等应当在乡镇党委和村党组织的领导下，实行村民自治，发展集体所有制经济，维护农民合法权益，并应当接受村民监督。”

所以说，村级党组织的性质是政治组织，同时又是村民委员会、村集体经济组织、群团组织和其他经济组织、社会组织的领导者。

这是为什么呢？因为共产党的本质特点不是官僚制而是全息型组织，具有全息型组织的行动意识和行动秩序特征。提出这一观点并已初步阐述其理念的是已故的刘海波先生。他是中国社科院法学所的一位睿智学者，也是北京农禾之家咨询服务中心研究组的骨干研究人员，可惜未能来得及全面阐发其深邃思想就英年早逝。

说中国共产党是全息型组织，主要是指其组织机制能够保证基层党组织基本上与党的最高层核心具有同类型价值取向的思考方式，既能胸怀大局又能脚踏实地，能够实现基层与高层间在组织行动上既保持高度统一性又具备高度灵活性。尽管基层党组织的思考能力也许相对弱一些，但拥有接近现场的信息优势，所以能够在大方向不变的情况下把握好对具体事务的灵活处置。正是因为共产党具有这种全息型组织的特点，所以可以把党的基层组织作为凝结核和战斗堡垒，通过发挥党员先锋模范作用，大力建设群团组织以及社区、协会等各类社会组织。具备这样性质的组织机制既能得各类组织结合实际发挥主动性、灵活性之便，又能得各类组织不失控、配合全国全省全县之利。

也就是说，我们不仅要相信基层党组织能胸怀大局，还要相信其在面对具体工作任务时和在应对各种问题的挑战时，能够做到顾全大局并积极主动地灵活采用符合局部环境利益的最有效行动。

这就是说，发挥好党组织的领导作用是做好乡村全面治理工作最为核心的要素。只有党组织能够保证村庄的发展方向既符合国家整体大局又最大限度地为群众谋福祉，这是由中国共产党的性质和宗旨并且具有全息型组织与功能的特点所决定的。

那么，怎样建设好党在村庄的基层组织，使之确实起到带领村庄各类组织振兴乡村的作用呢？怎样才能培育一批既胸怀大局又高度灵活的基层党组织领导者呢？怎样才能在党的基层组织建设过程中避免出现形式主义和官僚体制呢？下面我们带着这些问题考察战旗村党组织是怎么做的。

（二）党的领导与人才治理是开启村庄全面治理的钥匙

改革开放以来，农村缺乏人才特别是领导村庄治理的人才，日益成为全国性问题。农村是工业化、城镇化的资源输出地，村庄的人力资源外流持续了 40 多年，其中优质人力资源的外流是最快的。近些年来，国家鼓励外出创业较为成功的人才回乡担任村干部，并出台多项鼓励返乡创业的政策，但是总体效果并不理想。对于少数具备优质资源和有产业优势的村庄，返乡优秀青年借势助推村集体发展壮大相对较为容易；对于地薄山高石头多的纯农业村，外出优秀青年真正返乡的并不多，原因在于或缺乏成熟可行的发展思路，或缺乏攻坚克难、革故鼎新的能力和资源，或缺乏能够各司其职、分兵共进的团队等。

现有村干部的治理能力，特别是组织力和引领力，是村庄治理的主要短板。治理型人才既需要才也需要德。相对于普通村民来说，村干部的能力较强，但是能够公平处事、处置得当的人才较少，在村民中有威信、威望，能获得群众真心信任的人才更少。出现这种状况的原因有三个方面：第一，长期以来，村干部的能力源于自身成长过程中的锻炼和其他领域工作的职业训练，而缺乏党政事业部门干部那样从基层行政工作到领导工作的历练和系统化的学习培训，一般只在任职前后参加过短期政策培训学习，所以视野不够开阔，政策水平有限，难以应对统一大市场上的各种复杂挑战。第二，村干部身处家族、邻里、姻亲等复杂的人际关系之中，处理问题时面临的掣肘因素多，超脱出来的难度较大，妨碍了他们在村民中公正形象的树立。第三，村干部是村民自治组织的干部，没有政府行政权威可以倚仗，政府给予的工作补贴很低，必须花费一部分精力自谋生计。这造成部分村干部利用身份带来的显性或隐性经济社会资源获利，因而为人所诟病，妨碍了他们在群众中树立威望，自谋生计的压力也使部分村干部尤其是中青年村干部不能全力投入公共事务。

大多数村庄的村干部的工作状态是：对村里存在的主要问题和矛盾，缺乏良好处置的工作方法或措施，往往或压服，或无计可施、无所作为，导致矛盾长期得不到解决甚至更为激化；对国家政策和市场信息及动态不了解，或一知半解，无法结合本地实际拓展发展思路；凭借干部身份实现个人发展、自家致富的思想严重，缺乏引导和组织村民共同参与、相互帮扶、共同发展的意识和能力。还有一部分德不配位的村干部，存在利用职位和权力欺压村民甚至是违法违纪行为。

这些在各地村庄中程度不同地存在着的普遍性问题，是阻碍村庄治理的大忌。这些问题的解决途径有多种，其中一种就是学习、参照、借鉴优秀的典型经验。

战旗村的经验就属于这样的典型经验。

2019 年 6 月 5 日，农业农村部发布了首批 20 个全国乡村治理典型案例，战旗村“党建引领社会组织协同治理”做法入选首批典型案例，而且是四川省唯一入选者。

战旗村党建引领下的村庄治理是涵盖土地利用、产业发展、社会治理等方面的全面治理，其重要经验在于村党组织领导下的组织建设和人才建设。自建村以来，村党组织充分发挥了核心领导作用，让村庄的组织化程度一直保持高水准。这也与发掘培养本土人才有直接关系。战旗村用自己的方式基本上解决了村庄治理中的人才匮乏问题。

二、战旗实践

战旗村的党组织是怎么设置的？怎么建设的？怎么融入村民自治和集体经济的？党组织和村民自治组织、集体经济组织是什么关系？党组织的负责人是怎么选出来的？是后继有人还是后继无人？战旗村的党组织能解决村庄人才匮乏的问题吗？是怎么解决的？对于这些问题，我们应从战旗村的实际出发，来寻找答案。

（一）战旗村的基层党建工作

按照《中国共产党农村基层组织工作条例》，党员人数 100 人以上的村，根据工作需要，经县级地方党委批准，可以成立党的基层委员会，下设若干党支部；村党组织受乡镇党委领导。2023 年，战旗村有 163 名党员，经成都市郫都区委批准，成立了战旗村党的基层组织，即战旗村党委。

1. 村党委的组织架构

战旗村党委下设 7 个党支部。其中，2 个党支部由 16 个村民小组里的村民党员组成，3 个党支部专门覆盖建在本村的内外企业，1 个党支部覆盖外来个体工商户，还有 1 个党支部是战旗景区党支部。战旗村在设立党支部时，既考虑到传统村庄的地缘关系，又考虑到改革以来出现的村庄新业态和外来人口。战旗村党委从全覆盖的角度，将党支部的设置和党建工作作为全面治理的重要方法，所以将地缘关系和业缘关系结合起来划分党支部。7个党支部实现了地域、业态、人口全覆盖。

这种方式类似于企业组织管理中划分事业部的做法。战旗村全域按照农民人口居住的村民小组、企业、个人工商户和景区分成四个事业部，再按照党组织在每个事业部的人口管理的合理跨度确定需要设置党支部的数量。这种做法还促进了企业的联合。3个负责村内外企业的党支部都是企业联合党支部，该企业党支部的管理范围覆盖若干个企业。

这样一来，战旗村地域内居住和工作的所有人员——村民或集体经济组织成员，都被纳入相应党支部负责协调的具体范围。所有进入战旗村的私人企业即便没有党员，也按同一规则纳入战旗村的企业联合党支部，从而在企业的经济身份之外增加了一个新的社会身份——归属某党支部管理范围的成员。同时，村“两委”成员全部分配到这7个党支部中，或担任党支部书记，或担任指导员。如果企业中有符合做党支部书记的党员，就由企业人员担任，由村党委给这个企业联合党支部派驻指导员。显然，这种做法对于实现以村党组织为政治核心的村庄全域的全面治理是很有效的。

这一做法填补了党组织的空白区，让党组织能够抵达村庄的神经末梢，而且实现了党支部建在生产链上，党的基层组织工作深入项目里，党员融入群众之中，促进了村级各方面工作的专业化和精细化。对于村内发生的任何事情，村集体都会在第一时间掌握有关动态并做出快速响应，这有利于党员在各类村级事务中发挥引领作用。

2. 基层党建的制度和做法

战旗村党委的基层组织建设以提升组织力为重点，严格党的组织生活，坚持“三会一课”制度，每月26日固定开展主题党日活动，预备党员、入党积极分子、村“两委”办公室负责人也都参加，到会率达90%以上。每月一次的主题党日活动将全村党员和村干部的思想统一起来，参会者可以及时了解和学习党的方针政策和村庄当下要干的事以及要达到的目标。每次主题党日活动都是一次努力宣传党的主张、贯彻党的决定、团结动员群众、推动村庄治理的机会。主题党日活动有多种形式，如组织党员学习党的文件、上党课，开展民主议事、志愿服务等。讲党课也成为定期制度，可由村党组织书记讲，外请老师讲，党员之间相互讲，还组织党员定期走出去交流学习。

党员活动为什么有这么高的到会率，是有故事的。

最初开党员大会时，人头不齐，不少人以各种理由请假不参加。

和其他村一样，白天开会误了工就发给参会者 10 块钱补贴。后来发现人还是不齐，就改成晚上开，还是有补贴。有一次，发补贴的工作人员有事不在，就没有发放补贴。到了下次再开会时，有个党员就找到党支部书记说以后都不想来开党员会了。书记知道是因为没发补贴引起的不满，就将这个问题提交给村党委讨论。村党委带领大家重温党章和入党誓词，接着大家讨论这个问题。全体党员进行自我检视：入党是你自愿的还是别人拉你来的？如果你不是出于自愿，就不应留在党内。最后大家定下了一个规矩，严进宽出。这次党员会议触动并教育了大家，也直接喊醒了这部分人。

接着，战旗村就开始有了对所有党员“三问三亮”的要求。

三问是：一问自己入党是为了什么（不忘初心、牢记使命）；二问自己作为党员做了什么（修身律己、担当有为）；三问自己作为合格党员示范带动了什么（公道正派、无私奉献）。

“三亮”是要求所有党员必须在日常行为中坚持做到：一亮身份。党员家门口悬挂“党员户”醒目标牌，主动亮明党员身份，自觉接受群众监督；在工作岗位上设立党员示范岗、示范标兵，增强党员的荣誉感、责任感，促进工作作风明显转变；在参加党内组织生活、联系服务群众时，要求党员自觉佩戴党员徽章，不断强化党员意识，以党员自身带动党员家庭、以党员家庭影响周边群众。二亮承诺。围绕政策宣讲、技能指导、环境整治、帮贫助困、纠纷调解、治安巡逻等志愿服务事项，向党组织作一句话公开承诺，并将所承诺事项在村党务公开栏内进行公示，尽己所能为推动村庄发展、维护和谐稳定出智献力。三亮实绩。村党委采取“群众点评、党员互评、组织总评”的办法，促使党员履行承诺，用工作实绩向组织和群众交上一份满意答卷。

党员“三问三亮”的工作机制，不仅促使党员自身树立了典范，而且推动了良好村风建设，使全体村民都积极投身到乡村振兴之中。“三问三亮”要求使党员在村庄各项活动中起到了模范带头作用。在基站安装过程中，村党委要求党员亮身份、带头做个好榜样。集中居住后，为了信号畅通需要在村里安装基站，有些群众怕有辐射而进行阻拦。村党委就动员党员率先站出来，主动要求在自己家周围建立起基站，并耐心细致地说服邻里群众，把自己的工作做好，把邻居协调好，让群众信服。在村里进行老街改造建设的过程中，开始时村民持观望态度，不愿意搬迁改造自家的房子。于是党员带头签下协议，带头搬家，做出榜样带动村民跟着行动。良好的商业前景也让村民动了心，大家积极配合，老街改造项目取得了良好的成效。

2018 年春节，习近平总书记来战旗村考察，他非常仔细地看了公开栏里贴的每个党员的自我承诺。有位老党员说，我的承诺是要把门前的卫生打扫好，把环境搞好，把收入管好。习近平总书记说：“这个承诺很接地气，能办得到。这个好。”

与此同时，村党委创造性地组织全体党员开展政策宣讲等“六项党员公开承诺”，推行“群众点评—党员互评—组织总评”工作制度。一切承诺最终交由组织和群众来评议，尤其是评议党员为村里办事、为村民服务的态度和效果怎样。党员若能“理直气壮”地回答出“三问”的问题，敢于“三亮”，那就说明他已经过了思想上和行动上的基础关，接下来是如何在日常工作中保持和进一步提高的问题了。

基层党建的另一个重要方面是实现党内的民主集中制。首先，班子内部要实行充分民主。战旗村历任书记都有共识，领导班子内部如果一团和气，就绝不是好班子。如果什么都是书记说了算，这个班子就不具备生龙活虎的战斗力，就是要各种意见都敢提，哪怕在会上拍桌子。其次，党员和村民要实现充分讨论。班子商定的事并不代表最后决策。党组织要办的涉及村庄整体的事项，由村党委提议，在村民议事会上和村民充分讨论，必要时还要在全体党员中讨论。这是为了让党员了解村领导班子的想法，甚至还需要党员在村民小组内带头讨论，充分发挥一线党员的作用。讨论得越充分，大家理解得越透彻，村民代表会议的决议形成就越顺利。2011 年，战旗村集体的耕地按人头均分、宅基地按户均分的表决案，就这样经历了从党内民主集中到全体村民民主集中的过程。

3. 基层党建树立起良好的工作作风

战旗村的党组织活动从来不搞花架子，而是大力倡导党员和干部为村民办实事，通过这些活动来提升党员的政治素质和服务能力。村党委组织党小组开展“三会一课”的教育学习和网络党校的学习活动时，坚持每次政治学习必须有实实在在的成果，不搞形式主义。村党员夜校坚持每周一小讲、每月一大讲、每季一测试、年终一考评。村党委还鼓励党员广泛收集民情，及时化解群众中的矛盾纠纷。除了理论课之外，村党委还开设了健康操、书法等文化素养课程，布鞋、蜀绣等地方特色产品制作实用课程，让党员们都拥有一技之长。村党委还建立、健全了《村社干部管理办法》和《村社干部联系群众办法》，用制度规范党员干部的行为，强化党员服务群众的意识。

村党委还组织劳动日，干部带头参加。2023 年春天，由于苗木还田栽水稻，地里石头多，插秧机无法操作，高德敏书记以组织党员主题活动为名，带领全村干部下田插秧两天。

早在成都市下达微网实格的组织要求之前，战旗村就建立了党员联系农户的制度，定人定点服务群众。这些活动是自愿参加的。参加的党员都确定了各自联系的几个农户和联系的内容。村党委要求党员学会面对面听取群众诉求，实打实解决群众难题，同时做到“有记录、可追溯”。一旦党员没有对所联系的农户尽到义务，就要“拿党员是问”。这样一来，党员有压力、有动力，就会更自觉地与群众贴近，跟群众“结亲”。

金星村并入战旗村之后，网格化管理服务机制更加健全。全村划分为多个自治网格小组，形成了党员、村民议事会成员、新乡贤、群众参与的多元治理主体，以网格制度为抓手，多方吸纳群众意见，及时了解群众的烦恼和需求，随时把矛盾“消化在内部”。

村里还成立了由老党员组成的红色调解队。这些老党员中，有的是村里的老干部，有的还担任着村老年党支部的小组长，工作非常负责，而且都是义务服务。如今的战旗村各类活动丰富多样，平时他们还戴起袖章，承担起维护活动现场秩序的工作。

（二）村党委依靠村民自治实现村庄善治

村基层党组织和村民自治组织结成怎样的关系，直接关乎村庄能不能形成善治格局。这里所说的善治，就是村庄共同体的民主治理。

1. 村党委注重依靠村民自治组织，提升村庄治理组织力

战旗村党委懂得，自己是党在村庄基层的政治组织，不是村民自治组织和集体经济组织，所以党组织既要在村庄治理中发挥领导作用，又不能替代村民自治组织和集体经济组织开展工作；要处理好和

村民自治组织的关系，不能做越俎代庖的事情。

什么是村民自治组织应该做的事情?《中华人民共和国村民委员会组织法》(以下简称《村民委员会组织法》)规定得很清楚：村民委员会是村民自我管理、自我教育、自我服务的基层群众性自治组织，实行民主选举、民主决策、民主管理、民主监督，负责办理本村的公共事务和公益事业，调解民间纠纷，协助维护社会治安，向人民政府反映村民的意见、要求和提出建议。《村民委员会组织法》还规定，乡镇政府干预依法属于村民自治范围事项的，由上一级人民政府责令改正。

可见，村庄不是一级政府组织，村里的大小事情，应由村民自治组织负责。

如何让村民自治组织能够有职有权，能够更多地通过依靠村民自治的方式提升村庄的组织力?

战旗村党委是这样考虑的：村庄人口多，足够人数的村民大会很不容易开起来，按规定村民代表会议也不能经常开。行使表决权的村民自治的权力机构须在成员代表表决前对有关事项有充分的了解，甚至要经过反复讨论，修正一些不适当的提议表述，否则就可能在开成员代表大会时出现议而不决，或者相当多议案因通过率太低而无法生效。

怎样解决这个问题呢？战旗村党委想到用村民代表会议授权村民议事会的方式。村民议事会成员由各村民小组选村民代表时同时产生，选举时按得票多少排序，排在前面的若干名村民代表同时也是村民议事会代表。这样就组成了49人的战旗村村民议事会。战旗村村民议事会在村民自治中发挥的作用很大。代表们开会不定期，有时一周都要开两次会。村党委每遇到需要经村民讨论的事项，就先召开村民议事会征求意见，会后努力解决会上提出的各类问题。凡是必须经村民代表会议决策的重要事项，都先经过村民议事会多次酝酿讨论；村民议事会上大家的意见统一了，那在开村民代表会议时，形成一致意见就容易得多了。村民议事会的设立，提升了战旗村整个村庄的组织力。

战旗村党委很清楚，自己的权力来自全体党员和广大群众。村“两委”要能够真正做到代表他们的利益并为他们竭诚服务，就必须做到密切联系群众，充分听取党员和群众的具体意见。村党委相信，村“两委”的提议只要确实对全体村民有利，经过与群众的反复酝酿和沟通，一定能得到大家的真心支持。如果有反对意见，就说明还有自己考虑得不周或者没讲明白的地方，不能怪村民。所以他们非常重视村民议事会这个与村民沟通的合法渠道，用于检验自己的思考是否合乎村民的需要，并且及时修改方案。实践表明，凡是经过村民议事会的充分酝酿讨论，几乎所有村民的想法意见都能在投票表决前反映出来，这样就为村民代表会议上能够顺利形成决议做好了充分的前期准备。

2. 注重建立非正式社会组织，发挥村民自治功能

村民自治组织中，既有正式组织，也有非正式组织。正式组织是指依照《村民委员会组织法》建立的村民大会、村民代表会议、村民委员会、村务监督委员会，非正式组织指的是没有进行法人登记注册、村内开展群众性互助互济和文体活动的农民社团及其他组织。这些组织就是农村社会组织。党的十九大召开之后，农村社会组织已经成为乡村治理的一支重要力量，发展这类组织，对于加强村民道德建设，弘扬优秀文化传统，建设自治为基础、法治作保障、德治为先导的乡村社会治理体系很有意义。

战旗村党委很早就非常重视建设农村社会组织，而且注意发挥党组织和群团组织即村团支部、村妇联在社会组织中的作用。战旗村党委下设的党支部中有 3 个是企业联合党支部。村党委要求所有驻村企业都要设立工会，而后成立所有企业员工的联合工会。此外，战旗村还建立了社区业主委员会、村老年协会、老年服务队、红白理事会、乡村文化艺术团、群众纠纷评理团、高校 + 支部 + 农户工作站、社会工作站、心理辅导站等多个社会组织。社区业主委员会是仿城市社区的模式，由社区全体业主组成业主大会，选举产生业主委员会，作为业主大会的执行机构。业主大会、业主委员会代表和维护全体业主的

合法权益。其他各类组织广泛开展乡村文娱活动、助老活动、道德评议、心理辅导、“善行义举”推荐等，以消除各类矛盾，维护和谐有序的社会氛围。

“微网实格”是最近几年推行的精细化社会治理机制，是及时了解和回应村民日常事务的需求，打通宣传群众、教育群众、关心群众、服务群众的“最后一米”的创新举措。按照郫都区委的工作要求，战旗村以小区、楼栋、院落为单位，以沟渠、道路、围墙为边界划分微网实格，以包户党员为主体，适当补充政治素质过硬、能力较强、群众信得过的村民代表、村民议事会成员、非党员的村社干部作为微网格员。让每个微网实格成为一个个微型社会网络组织。这些社会组织成为战旗村党委加强村庄治理组织力，实现和谐乡村目标的重要力量。

3. 以村民自治为村庄治理之本，实现村庄和谐生态

战旗村党委将村民自治视为村庄治理的根本。村里一切重大事项全由村民说了算，只有保证得到了85%以上的村民的拥护，才能召开村民大会形成决议。得不到绝大多数（不只是过半数）的村民同意，就是工作没有做到位，无论是工作方向还是工作方法，都要重新考虑，再努力，直到绝大多数人同意为止。这种对村民集体意志的极大尊重，充分体现了战旗村党委人民至上的理念。他们在村庄治理

中，坚持一切为了村民，一切依靠村民自治。

在战旗村党委看来，战旗村就是由全体村民组成的大家庭，村庄治理就是大家庭治理。在村庄这个村民大家庭里，人人有工作，有收入，有住房，有保障。所有人安居乐业，和谐共融，长期共荣。这是战旗村最实在的目标，也是最长远的目的。战旗村党委领导下的村民委员会和集体经济组织为了实现这样的目标，20 多年来接力竞跑，不懈努力。现在，他们从领导核心到骨干团队到全体村民，形成了一个差序格局的圈层结构。村党委书记高德敏，同时兼任村委会主任和村集体经济组织理事会理事长。在他的周围，是在村党委、村民委员会、村集体经济组织中交叉任职的村级领导成员群体，十来个人；在村级领导成员集体的周围，是担任村级管理机构和集体经济组织管理机构的骨干团队，60 多人；再外展一圈，是在村内各类组织中出任村民议事会成员的村民，党小组长、村民小组组长以及各类村级社会组织的负责人，100 多人。就是这 100 多人联系了全村 16 个小组的 4 400 多人。这种圈层结构，从核心向外扩展，从书记到全体村民，形成了党组织与村民自治在密切联系当中的意志融合。

其实，比起南方的很多典型村、样板村，战旗村的集体资产总量并不算大，村集体的总产值也不算高，人均收入相比较也只能算中等。但是，人们到了战旗村走走转转，与村民交谈之后，就能发现这个村的氛围和谐，村民的满意度也很高。

从战旗村的经验来看，一个村的经济发展水平在越过温饱线和小康线后，村庄治理中最要紧的方面就是和谐。战旗村的氛围比较和谐，是因为村民能普遍就业，他们之间的经济收入差距不大，村内的生态环境好，老百姓对生活、对村庄、对村级领导班子都非常满意。

（三）村党委依靠村集体经济组织实现村庄经济自治

战旗村有一个重要特点，无论风云如何变幻，都始终坚持集体经济不动摇。无论是人民公社时期组织民兵连投入条田改造的集体农业生产劳动，还是改革开始时期组织农民创办企业，还是进入 21 世纪获得大多数农民同意，进行农地重回集体的自主改革，发展新型集体经济，战旗村都是以村庄的经济自治推动村庄的整体建设和全面治理。这得益于战旗村有一个坚强的领导核心。特别是在党的十九大发出发展集体经济的强大信号之前，他们实际上是大环境的逆行者。依靠超前思维和坚决行动，战旗村党组织战胜艰难险阻，带领全村，保住了集体的财产，重建了村集体经济组织，将经济自治视为村庄全面治理的基础和先声。

1. 人民公社时期的村集体经济组织建设

1965 年，战旗大队从金星大队分出来，正值人民公社时期，他们有效组织集体劳动的第一条经验是紧抓民兵队伍建设。

他们动员青年男性、妇女积极分子参加基干民兵，以基干民兵为基础，带动普通民兵，然后再带动群众。民兵按照部队的组织特点编队，一个生产队就是一个排，一个村就是一个民兵连，所有精壮劳动力都被编入民兵连，投入农业生产劳动的第一线。

民兵连弘扬部队战士不怕吃苦，越是困难越向前的精神。哪里有困难需要支援，民兵连的人马就会出现在哪里。1970 年至 1974 年间，大队支书罗会金带领民兵对 400 多亩下湿田、烂糟田进行了艰苦的改造，做到了“沟端路直树成行”，实现了条田化体系。不仅在条田改造上，而且在广积肥料、集体居住建设等方面，民兵都是中坚力量。1973 年，战旗大队实行民兵整组，组织建设更加有力，人数增加到 490 人，将民兵占全大队总人口的比例从 37.7%提升到 38.4%。相当于一名民兵带领着两名群众参加农业劳动，增强了战旗大队生产的整体战斗力，提振了全大队积极向上的精气神，带动了各项工作的开展，让大队集体成为朝气蓬勃的生产组织。

当年带过队伍的大队支书李世炳回忆说：“用民兵这支队伍来搞生产，跟用一般群众就不一样，主要是他们听指挥，你叫挖深点就挖深点，你想怎么办就怎么办。”

战旗大队民兵连在参加农业生产劳动方面能挑重担、打头阵，在开展军事训练、组织政治学习方面，也样样讲效率、事事争先进，还大力表扬好人好事，成为大队建设的核心动力。

民兵当中有不少青年妇女，她们争做勤劳能干的“李双双”。村民陈庆碧谈到自己 1962 年刚嫁到战旗大队时，嫌弃地里草长得高、庄稼长得不好。后来她当了女民兵，被选上妇女队长，事事争先，不怕吃苦受累，挑水挑粪，肩膀被磨烂仍咬牙坚持。冬天修河，男青年全去工地，她就带领妇女看好田，干好活儿，顶起了半边天。

那时，男子劳动一天评 12 分工分，妇女评 9 分半。栽秧、担粪、杀秧田，妇女什么都干。民兵加妇女，村庄三分之二的劳动力就被动员起来。再加上当时的战旗大队在科学种田、技术推广、精耕细作等方面都做得好，粮食亩产量从 20 世纪 70 年代中期到包干到户前的七八年时间内，一直是全县第一名，还被评为四川省农业学大寨先进大队。农业生产上去以后，集体的经济效益被放大，年终分配也提高了。1980 年，战旗大队有两个生产队工分值最高，一天达到 1 元 8 角多，差一些的队一天也有 1 元 6 角多。这比当时周边的村庄一天的劳动分值只有几角钱高出好多。

在大队稳定和社会治安方面，战旗大队民兵连也起到了重大作用。“文化大革命”时期，战旗大队的民兵维持村内秩序，日夜巡逻，保一方平安。他们的组织纪律性之强、威慑力之大远近闻名。这让当地的各类造反派组织都不敢到战旗大队进行宣传。战旗大队党组织领导下的民兵连保护了一批老干部。

战旗大队民兵连练思想、练作风、讲效率、争先进的事迹，在郫都区乃至四川省都出了名。四川军分区政委亲赴战旗考察，在当地树典型，支持、倡导战旗的民兵作风和战斗精神。

2. 大办社队企业支持集体经济发展

集体企业是在人民公社后期、改革开放初期兴办的。所谓“无农不稳，无工不富”，成为当时农村发展的口头禅。这让大队集体经济组织从纯农业开始迈入新的领域，也让组织化出现了新气象。

战旗大队正是因为从之前的农业集体经济发展中尝到了甜头，彻底改造烂糟田，提升了粮食产量，解决了全体村民的温饱问题，所以才更加坚定了依靠集体发展集体经济的信心。在全国大潮的推动下，战旗大队开始举集体之力兴办各类社队企业。

第五任战旗大队党支书易奉先是这样解释当年兴办集体企业的动机的：“我那时的想法很简单，就是想怎么才能让老百姓好过，怎么才能成为万元户。所以我们就把当时的目标定为一年挣到 1 000 万元。因为我们村有 1 000 多人，如果一年能挣到 1 000 万元的话，那么每个人的日子就好过了。”

1978 年以后，战旗大队党支部解放思想，集中资源，大家出工出力，办了一个集体的砖厂。那时市场物资非常匮乏，砖一生产出来就卖掉了，经济效益很好。当时，战旗大队社队企业的生产也被折算成工分，这大大提高了农民的工分值，推动战旗大队的收入分配额在全县排第一名。战旗大队的罗会平，因家里劳动力强，一年的家庭收入分配额达到 3 000 多元。

1983 年，战旗大队的土地承包到户了。过去靠集体发展经济，村民在集体里分得利益，共同富裕很好理解，也很好办，包产到户以后，还要不要发展集体经济，要不要共同富裕？

小知识

家庭联产承包责任制

“家庭联产承包责任制”是改革开放新时期我国农村主要的生产经营方式，是我国农民的伟大创造。它是指农民以家庭为单位，向集体经济组织承包土地等生产资料和生产任务的农业生产责任制形式。党的十一届三中全会以后，我国农民创造了以家庭承包为主要形式的包产到户、包干到户等生产责任制。从 1982 年到 1984 年，党中央连续三年以“一号文件”的形式，对包产到户、包干到户的生产责任制给予充分肯定并在政策上积极引导，最终形成农民家庭承包经营制度。

战旗大队党支部的方向十分明确：走集体经济这条路不能变。村民在承包地里可以解决吃饭问题，但是要致富还得靠发展集体企业，不但让村民挣上工资，还要从集体企业盈利中拿出一部分提高村民福利，实现全体村民共同富裕。党支部决定后，就把办砖厂赚的钱再投资去办集体企业。后来集体企业越办越多，最多的时候有砖厂、酒厂、豆瓣厂、预制厂、面粉厂、铸钢厂等12个集体企业。战旗大队于1987年改为战旗村，到1993年，战旗村工农业总产值超过1亿元，村办集体企业的工业产值达到8 000多万元。战旗村逐步走上了相对比较富裕的道路。

这一时期，村庄组织化进入了新阶段。村办集体企业让村民改变了单一的生产方式和生活方式，亦农亦工增加了村民收入，也锻炼了按点上下班的组织纪律性。同时，村集体也积累了集体资产和领导集体企业的经验与能力。

3. 坚持走集体经济之路不动摇

1994年，全国搞企业改制，战旗村被郫都区列为重点，开展试点。党支部就在12个村办集体企业中选了效益比较好的5家集中成立了股份合作制公司，叫成都集凤实业总公司。第一次改制的前几年生产照样发展，豆瓣厂两三年内产值利润翻番。但是后来全国推行企业改制，原有的村办集体企业都实行股份制以后，经营者和职工都分了股，集体虽然占大股，但没了经营管理权，全得听命于个体经营者，而经营者为维护自身利益，给集体上缴的利润逐年大幅度下降。

党支部认识到关键问题在村集体的管理和经营体制，股份合作制要成功推行，关键在经营者。经营者为了自己的利益，就会千方百计做手脚，出现了明亏暗盈的问题。换新人做经营者当时不可能，就只好在改制上做文章。经过反复斟酌，战旗村党支部下决心做二次企业改制，收回私人股份，把企业股份合作制重新改为集体所有制。

为了守住村集体这份来之不易的集体资产，2002 年新上任的战旗村党支书李世立和村委会主任高德敏一起，顶住压力，推进企业改制，用股份内部有价转让的办法一家家企业、一个人一个人地做艰苦细致的说服工作，最后都签了协议、办理了有价转让。两年时间，终于实现了所有个人股份全部转让给了村集体。2004 年，村办企业由村集体百分之百持股。

在改制行动开始之前，战旗村党支部曾向上级领导汇报。领导说，这是走回头路。战旗村党支部书记李世立就向上级担保："这是我们深思熟虑后的决定，出任何问题我们自己负责。不这样做，战旗村集体就完了，这是挽救村集体财产唯一的路子。"最后争取上级领导不予介入。这意味着，如果出现问题，被追责甚至坐牢，村干部就得自己扛。

村集体全部持股之后，再将核算清楚的集体资产以招投标方式重新寻找租赁方。其间，村“两委”通过调查研究，清查账目，将原持股经营者囤积的大量流动资产招标卖出，为集体回收了420万元。这笔资金成为村集体重新起步的资本。其中的300万元，以10%的年利率，贷款给经营较好的企业，保全企业持续生产，维系全村几百人的就业岗位。这笔钱对于推进后来土地向集体集中的改革也起了保驾护航的作用。应该说，这场改革让战旗村的集体经济重归正轨，为战旗村后来的集体经济发展壮大奠定了思想基础和物质基础。

虽然已经过去了20余年，但是每当回忆起当年那一幕时，领头的李世立书记还是觉得心有余悸：“当时很多人都说把股份收归集体是走回头路，有些领导也这样说，让我们认真考虑。这一步必须走好，如果走不好，很可能就是犯罪。”继高德敏之后接任村委会主任的杨勇迄今都十分感慨，要是当年不进行企业改制，任凭集体资产全部流失给个人，那么“战旗村的今天可能还是一穷二白”。

村集体必须牢牢把握住集体资产的管理经营权，才能做实集体的所有权，这是李世立、高德敏从这一场历时两三年的鏖战中悟出的真理。

这也是后来战旗村在集中土地之后，坚持兴办集体统管农用地的合作社，以及统管非农资产的战旗集体资产管理公司的理论和实践基础。这两个组织都是专门掌控集体资产管理经营权的新型集体经济组织。

可见，农村新型集体经济组织不是从天上掉下来的，不是一蹴而就的，而是在长期的历史发展进程中，村领导班子与所面临的新问题不断碰撞、不断纠缠，从而找到新方向、新道路而逐渐成长和成熟起来的。

1938 年 10 月，在中共六届六中全会上，为了研究理论、研究历史和研究现状，毛泽东同志曾向全党提出："从孔夫子到孙中山，我们应当给以总结，继承这份珍贵的遗产。"今天，研究、讨论农村新型集体经济也应该这样做，从互助组、合作社、人民公社、乡镇企业到今天登记注册的农村集体经济组织，走过的每一阶段，我们都要进行总结，继承这份珍贵的遗产，而且要以史为鉴。

（四）党组织的超前意识和领导带头干的表率作风

很多不太了解战旗村的人往往会以为战旗村是国家最高领导人视察后依靠上面锦上添花地给予丰厚资源而获得如今的优势地位的，其实不然。

如果将战旗村的发展历程分为四段（1965 年到 1982 年为第一段，1983 年到 2002 年为第二段，2003 年到 2017 年为第三段，2018

年到现在为第四段），就会看出，只有第四段是国家最高领导人视察之后的时期，而战旗村近 60 年历史中，有 50 多年都是依靠自己的艰苦奋斗站起来的。如果问前三段奋斗史有什么突出特点，应该说第一段是完全顺应国家政策的大方向——农业学大寨，艰苦奋斗成为一种时代精神，第二段和第三段遇到市场经济与集体经济的大冲撞，战旗村党组织从坚持集体企业入手，逆行而上，在当地破天荒地走了一条依靠集体进行土地集中和住宅集中、土地入市等今天看来很超前的路子。那么，他们的超前意识从哪里来？谁给了他们逆行而上的底气？

1. 超前意识从哪里来

我们经过多次对战旗村历届领导干部进行访谈，试图探索这个答案。最重要的是，为什么历届书记都不顾自身的利益、自己的健康，乃至身家性命，坚持走集体的路？这个原始动力来自哪里？我们发现，这就是底层党员干部与高层领导对人民的高度一致的忠诚信仰，就是要带领乡亲们过上好日子的强烈信念。土地改革时农民分到了土地，大家欢天喜地，所有人都有一个共同的心愿——有了土地之后在党的领导下如何当家做主，把日子过好。改革开放分田到户后，环境变了，个人拥有小块土地只能饱腹，无法过上好日子。而战旗大队从 1965 年分立出来之后，就坚持发展集体经济，大家抱团奋斗，结果在当时的环境条件下，实现了村民共同富裕，人均收入高居全县榜首。集体奋斗出效益的真理一旦被农民的领头人认识清楚，他们就义无反顾地坚持到底。这是农民的执着，也是所谓超前意识的来源。

其次是以老带新，一代代传承、接续奋斗的文化伦理给予村“两委”领导干部不竭的动力。历届战旗村党组织都把做大做强集体作为自己在任的最高使命和责任牢记于心并扛在肩上。大家闲下来摆“龙门阵”时，都在比较谁的任上集体经济发展得最好、最快，给老百姓带来的利益最大、最实惠。高德敏书记经常回忆的两个历史瞬间，一个是李世立书记邀他回村当主任时告诉自己，个人的灵光的经营头脑和财务管理的本事要给村集体派上用场，一人富不如大家富、村上富；一个是李世立书记卸任交班给他时，握着他的手语重心长地说：“战旗村的共产党员个个都是好样的，我们共产党员的光辉与荣耀，你们要一代一代传下去。”

有一句话说得好，精神可以变物质。当坚持走集体经济之路变成一种精神时，就能在一定条件下，化作支持领导干部带领大家奔小康的物质力量，战旗村 20 多年的奋斗经历就是佐证。

2. 主动学习，抓住机遇

超前意识还来自主动学习，分辨方向，抓住机遇，迎难而上。

战旗村在第三阶段，屡屡抓住了市场机遇，让集体经济走上了快车道。一是当2005年至2006年在小队范围内集中土地遇到难题时，他们想到了要通过群众最关心的住宅集中反过来倒推土地集中，但是推动住宅集中要有政策。2005年，成都市郫都区出台拆院并院的45号文件，立刻吸引了战旗村干部的目光，他们专门去唐元镇长林村考察，只是战旗村当时的名声还不大，仍在试点中，排不上队。为了推动战旗村被列为试点，他们利用领导下村视察的机会进行宣传汇报，又通过2006年与高校联合300名学生进入战旗农家的活动提高了知名度，最后如愿以偿地成为2007年成都市城乡统筹改革的增减挂钩政策试点，通过集中居住节余208亩指标增减挂钩到城市使用，获得土地出让收入1.3亿元，实现了以土地换资金，建设集中住宅小区的愿望。

二是2015年土地入市。高德敏对政策非常敏感，通过学习，从农村改革大形势中敏锐地判断出国家会在土地上做文章，就抓紧进行村庄土地整理和清产核资，2015年文件下来了，农村集体经营性建设用地入市改革。战旗村就按照政策比对自己的条件，做好一切入市准备，并报了名。可是战旗村距离成都市及郫都区政府所在地较远，区位优势差，政府希望找距离最近的村。最后由于其他村的材料没有一个符合条件，因而机会落在了早有准备的战旗村身上。

村集体既要懂政策，又要有自己的见地。战旗村的老书记高玉春是这样说的：“战旗村哪一届书记都比较听党的话，你要跟党的政策走。但是党也随着形势的变化在变。如果你不跟政策、不跟形势，那肯定不行，但是也不能只跟形势。”

面对变化的形势，战旗村的领导班子有着很强的学习和思考能力，他们脑筋灵活，密切关注中央和上级政策，主动适应环境，坚持问题导向，带着问题积极学习其他地区的先进经验，寻求解决问题的最优方法。结果，“每次都能踩在点上”。

在确定发展思路的过程中，村党组织和村民委员会不断调整自己的定位和角色，平衡好集体和村民、个体工商户、私营企业、外来投资方等各方利益，在每个阶段都能准确履行自己的职责。

3. 善于谋划，整体设计

战旗村人常说：“穿不穷、吃不穷，没有计划常受穷。”村党组织对于村庄建设和发展具有规划先行的意识，并且坚持“一张蓝图绘到底”。老书记易奉先强调村“两委”班子作计划的重要性：“这个班子里面要有计划，有近期的计划，有将来的计划，将来达到什么水平，现在达到什么水平，三五年之内要达到什么水平，作为领导班子必须这样想，而且向这个目标奋斗。”村“两委”不仅搞国土空间规划，还注重产业规划。村党委书记高德敏反复表示，科学规划可以规避集体经济失败的风险，“我们必须做适合自己的产业，不利于我们村长远发展的项目坚决不做”。战旗村最早的土地集中利用的规划设计是从 1994 年开始的，最初的住宅集中的方案是 1998 年做的。最早提出乡村十八坊的创意是在 2000 年，首次做建设规划是在 2013 年，尽管土地集中、住宅集中、乡村十八坊分别在 2011 年、2009 年和 2017 年才得以实现，但是抚今追昔，谁能不被战旗人的宏图大志和为实现它而坚韧不拔的努力所震撼呢？

4. 争取外援，拓宽视野

战旗村党组织深知自力更生、艰苦奋斗的重要性，同时也积极争取外界力量的支持，包括上级领导的政策和物质支持，以及外部合作方投资办企业，并承接四川省高校大学生下乡活动，以开放的意识和眼界获取智力支持。

2006 年，县委宣传部寻找可以接纳成都 300 多个高校大学生进农家的村庄。很多村民都嫌麻烦不愿接纳，战旗村党组织却认为这是吸收外来信息、激发活力、向社会学习的好机会，主动承办了这项活动。结果这一结对活动让各大高校的优秀学子与战旗村村民结下了深厚情谊。几百个大学生和村民同吃同住，白天参加劳动，晚上辅导孩子们功课。之后，大学生和村民形同亲人，逢年过节互送祝福，大学生结婚都请房东参加。每逢假期，一些大学教师带着学生就到战旗村采风。十几年过去了，这种城乡之间的结对互动还在继续着。它让村民看到了外部的世界，放大了村民对未来生活的想象空间，也潜在地影响了村民公共意识的逐渐形成。

5. 作风朴实，带头实干

很多人说，农村发展第一重要的是领导班子。此话不虚，不过领导班子的作风和领导意识同样非常重要。以身作则、苦干实干、廉洁奉公、公道正派，是农民群众对作风好的领导者的普遍赞誉，也是领导者获得农民信赖的主要标准。

在人民公社时期，战旗大队就有干部不搞特殊化的好传统。当时大队规定，上级来人吃饭，陪同的干部必须自己出钱。在战旗，集体化时期没人敢吃集体半分钱。大队核算账目，按月用油印机打印出来向群众公布，给各个生产队散发。账目清楚、经济民主是管理民主的重要标志。至今，战旗村依然恪守严格的财务规范和村务公开的制度。村务监督委员会严格约束村干部的权力，村干部从未在钱上出过任何问题。

为了约束干部的权力，战旗村还试点推行村级小微权力清单制度，通过“清权、晒权、束权”，明确了村干部权力边界和决策程序，还与村警务室、法律援助室、党员工作室共建法治信访中心，推进基层法治建设。

（五）基层党建中的人才培育

1. 培育村庄带头人

在近60年时间里，战旗村党组织历任书记在村庄治理中都很好地发挥了领导作用，团结带领村干部，在不同时期抓住战旗发展的机遇，提出村庄发展思路和具体项目，带领村民们把事做实做优，把机遇变成了现实，战旗村的发展不断上台阶。他们充分发挥了基层党组织的战斗堡垒作用和党员的先锋模范作用，这是推动村庄建设和发展的根本原因。党组织收获的荣誉如表2－1所示。

表2－1 战旗村党组织所获荣誉一览表

时 间	荣 誉 项 目	颁 发 单 位
1981年1月	四川省先进村级组织	中共四川省委、四川省人民政府
1991年1月	四川省先进村级组织	中共四川省委、四川省人民政府
1992年7月	1990—1992年度先进基层党组织	中共成都市委
1993年7月	先进党支部	中共郫县县委
1995年7月	先进党组织	中共郫县县委
1996年3月	红旗党总支部	中共郫县县委
1998年2月	红旗党支部	中共郫县县委
1998年3月	四川省“五个好”村党支部	中共四川省委

续　表

时　间	荣誉项目	颁发单位
2003 年 7 月	先进基层党组织	中共郫县县委
2011 年 7 月	先进基层党组织	中共郫县县委
2012 年 9 月	全省创先争优先进基层党组织	中共四川省委、四川省人民政府
2016 年 6 月	双强六好示范党组织	中共成都市委组织部
2021 年 7 月	全国先进基层党组织	中共中央组织部

注：上述荣誉称号为不完全统计，引自《中国乡村振兴示范村——战旗村》第 5—8 页。

战旗村党组织负责人在村庄发展中发挥了关键作用，自 1965 年建村以来先后当选的八位党组织书记有很多共同点。最大的特点是：他们的领导能力是在战旗村的工作中逐步培养出来的，也是在战旗村的工作中逐步得到干部和村民们的普遍认可的。

八位书记都是土生土长的战旗人，对生养自己的这片土地、对乡里乡亲具有深厚的感情。他们的学历水平相对于同龄人普遍较高，如曾任县医院医生的罗会金，当过中学教师的李世炳，作风过硬的退伍军人高玉春、李世立等。他们对战旗村集体经济的壮大都曾做出过实质性贡献。八位书记都把集体的资产资源加以充分利用，不使资源有所浪费和流失。

在担任书记职务之前，他们基本上都在村委会主任（生产大队队长）岗位上有长时间的历练。村领导班子负责人任职情况如表 2－2 所示。

表2－2 村领导班子负责人任职情况

职务	领导干部任期							
村党支部（党总支部、党委会）书记	蒋大兴（1965—1969）	罗会金（1970—1975）	李世炳（1975—1977）	杨正忠（1978—1993）	易奉先（1993—1995）	高玉春（1996—2001）	李世立（2002—2010）	高德敏（2010—）
村委会主任（生产大队队长）	罗会金（1965—1968）	杨正忠（1968—1977）		易奉先（1978—1992）	李世立（1993—1995）	高长明（1995—1998） 李世立（1998—2001）	杨开富（2002年1月—2002年6月） 高德敏（2002—2010）	杨勇（2010—）

这八位书记全是能人加好人，即村庄合格的“当家人”。有文化水平不太高，但热情肯干的杨正忠；有办企业能手高玉春，“企业办一个成一个，当时为了跑业务买了全成都市第一辆桑塔纳”，“我们集体把企业当成自己的在做，也能搞得很好，我没搞跨国企业，基本搞一个存活一个”，这在当时市场环境变化剧烈、乡镇企业普遍不景气、连私营企业都搞不好的情况下实属难得。此外，还有一身正气的李世立，不惧恐吓与威胁，坚决守住集体资产不流失。村企改制中清算资产、收归集体等做法触及了很多人的既得利益，遭到承包经营者的强烈反对。于是有人捕风捉影，向上级政府谎报书记贪污受贿，更有人上门撂过狠话：“再不收手，把你家的人放倒两个！”面对这些威胁，

职务几上几下的李世立没有抱怨，更没有退缩：“我是为了保住村里的这点家底，得罪少数人，有利于全村人，值得!”在历任书记中，还有一位是高德敏，他对家乡一片深情，从未离土离乡。他说：“一开始其实我很想脱离这层‘农皮’，或者考学或者去当兵，反正不想当农民。后来村里一个婆婆教导说，‘总共七十二行，行行出状元’，当农民不一定就不行。于是我就下决心，一定把农民当好。”

2. 八任书记一任接着一任干，领导干部培育方式机制化

战旗村的八任书记，相比于其他村庄，最大的不同是齿轮式滚动接班、阶梯式上升。村党组织书记和村委会主任都是村级领导班子这架大齿轮轴上前后相依的轮齿。每当班子换届改选，齿轮就向前转动一格，多数情况下村委会主任就接任了村里的书记一职，新的一位村委会主任再上任，就这样长期循环下去。书记总是可以将接力棒传给自己熟悉的下一任。这其实是战旗村近 60 年来创造的村庄领导干部成长的周期性培育机制。它的好处体现在四个方面：一是每一届领导层交接顺利，避免了换届时候很多村庄常常出现的由人事交接引发的“地震”。二是书记们大多先经过村委会主任的工作岗位锻炼，从而完全清楚村庄的发展脉络和长期规划，以及容易出现的矛盾和问题，规避了书记上任要从头开始熟悉和工作缺乏连续性的问题。三是在长期工作搭档的过程中养成了村庄一、二把手之间的工作默契，这对于村

庄的稳定发展是有用的。四是将培养带头人作为一项持之以恒的村庄战略，总要未雨绸缪，不断物色和提拔新人担任村委会主任即后备书记，为今后班子建设做好长期准备。

这些优秀党组织书记是如何选拔出来的呢？第一，县、乡两级组织，对于具有“红色”烙印的战旗村的关注度比较高，选好配强村干部是保持战旗村各方面工作走在前列的首要因素。唐昌乡（后改为镇、街道）党委、郫县（后改为郫都区）党委对于战旗村“两委”班子成员精心培养和选拔，特别是在候选人的提名方面比较慎重，注重深入了解战旗村干部群众的意见。

第二，战旗村始终坚持“选贤举能”原则。正如现任书记高德敏所说：“我们历任书记不搞家族制，我们是能者居上。”战旗村有一套自己的党组织书记接续模式，一般由治理能力强的村委会主任担任村党组织书记。村委会主任在村民自治制度下通过全体村民投票产生，具备深厚的民意基础，也是大家选出的能力突出的人。他在担任村委会主任期间主抓村庄全盘工作，逐渐熟悉了村庄事务的治理，锻炼提高了治理能力。在这个管理模式下，战旗村培养了一代又一代带头人，实现了村党组织负责人正常交替，也同步实现了村庄的繁荣发展。

第三，八任书记能够顺利实现交接班，还离不开党组织内部自发形成的“老带新、传帮带”传统。战旗村的历届书记和村委会主任不但没有出现权力分配上的争斗冲突，反而形成了良性互动机制。书记把好方向，主任抓好落实，两人共商村庄发展大计，共同进退。领导班子成员和老党员一起辅助新走上工作岗位的村干部，帮助其积累治村经验。例如，高德敏是 2002 年被当时村党支部书记李世立推荐并苦口婆心做工作后经过有关程序选出的村委会主任。高德敏当时是村民公认的能人，在外面做生意很有能耐，还将高家三兄弟都带上了自办企业的路子，高家大家庭兄弟妯娌间都很和睦。村民说，你能把家庭经营得好，也能带好咱们的村子。李世立不仅看到高德敏的这些才能，而且知道，早在高德敏不满 20 岁时，村集体为了培养人，专门出钱送他出去学过系统的会计知识，要推动战旗村的发展和改革，有专业会计知识的人必不可少。因此，他说服了高德敏，放下自己的生意，推荐他回村当村委会主任候选人。高德敏当时从未当过村干部，不敢干，也不敢说话，但他憋着一股劲，一定不能辜负大家的信任。他借了很多书看，向退下来的村干部、老党员请教，虚心听取他们的建议和意见。李世立书记也放心大胆将很多重要的事情交给他做。在与李世立搭档的 8 年中，他们共同开拓了集体企业改制、土地向集体集中、住宅向小区集中的大事，锻炼成为经验丰富、作风正派、开拓创新的优秀干部。他说，战旗村的发展是一代一代接力拼搏出来的，现在这面战旗交到我手里，我就要扛起来，绝不能成“败家子”。

3. 培育骨干团队

战旗村党组织历来注重在工作实践中发现人才、培养人才、选拔人才，形成了鼓励自立自强、勇于争先的村风，建立了各展其长、用其所长、助其补短的人才成长的活水系统，造就了“多才、优才”的人才梯队。

战旗村建村之初，在民兵工作和条田改造工作中，涌现了一批日后的村骨干。改革开放之初，在兴办村办企业时，村党组织非常重视发现和培养年轻人。现任村党委书记高德敏就是党组织培养的后备人才。1984 年，村里选派一批高中生外出学习，回来后承担集体企业的技术人员和管理人员，高德敏学习的是会计知识。

随着村庄发展步伐的加快，党组织建设对人才的需求也越来越强烈。他们采取各种方法吸引返乡青年、职业农民、专家等，作为干部的后备人才。战旗村与四川省农科院、省林科院等单位紧密合作，吸引高端人才驻村，为村民提供急需的农业技术服务，同时吸引企业科技人才、农业职业经理人和在校大学生来到战旗村创新创业，迄今已有 76 位各领域的专家以各种方式入驻战旗村。战旗村还探索“高校 + 支部 + 农户”等机制，吸引各类人才群体成为农村“新乡贤”，推动返乡创业者成为“领头雁”、外来投资者成为“新村民”。

党的十九大召开以来，郫都区唐昌街道为适应新时期乡村振兴工作需求，破解乡村振兴基层后备人才短缺问题，于 2018 年 11 月制定了公开遴选优秀年轻的村（社区）后备干部的方案。

这种公开遴选机制分为四个阶段。第一阶段为报名阶段。采取“谈话推荐、组织推荐、个人自荐、公开邀请”方式，面向全社会重点从退伍军人、返乡大学生、青年农民、创业青年、机关临聘人员中挖掘寻找人才，并且通过郫都区公众信息网、唐昌街道微信公众号、《唐昌通讯》以及在各楼盘院落、街道小区发布“招贤纳士”海报方式，全方位宣传动员，鼓励有意愿人员通过网络报名或现场报名方式主动参与。第二阶段为识才阶段。以“座谈交流、面试答辩、综合考察”的方式，发现了解参与人员的基本素质和潜力资质。第三阶段为练才阶段。采取“挂职锻炼、跟班学习、专业培养”的跨区域、跨行业等多种形式进行锻炼培养。其间，开设专题培训班，进行党风廉政等基础知识学习和考核。培养期满进行测评，测评合格者最终成为后备干部人选。第四阶段为用才阶段，采取实岗任职、兼职使用的方式继续培养。

尽管第一阶段的报名不拘一格，但是入围者须经政审，政治素质要过硬。在识才阶段，识别方式灵活多样。战旗村纪委委员杨明学回忆说，在与后备干部报名者第一次见面会上，党委书记面对 300 多人的第一句话就是，“我今天在大会上宣布，如果谁要想靠当干部发财，觉得这个位置是你为亲戚朋友谋利益的，你现在就可以走了”。这就是说，考后备干部的人一定要有为老百姓服务的意愿，愿意回到乡村去施展你的能力。结果第二次到场的只有 200 多人了。而杨明学不仅参与了现场出题答辩、考核打分，还在几百人的会场上演讲，显示了良好的应对能力。

最后，战旗村推荐的李光菊、易奉阳、高雪、肖丹、杨明学等都成功进入了后备干部人才库。他们过五关斩六将，历经多重考验和锻炼，赢得了相应的岗位。

唐昌街道的这种人才遴选方式也给了战旗村很大的启发，战旗村之后在后备干部选拔上也参照了这种方式。

三、我们的评述

(一) 战旗村党委会成就村民集体组织力

是什么力量让战旗村的全体农民都组织起来，集结在村“两委”的周围，为了实现共同目标而团结奋斗？是什么力量让村集体组织——村民委员会和集体经济组织理事会——成为职能分立、目标统一的共同体？是什么力量让进入战旗村的外部企业和个体工商户都自愿参与村集体的建设过程，愿意为战旗村的整体发展贡献力量？

村民组织力来自战旗村党委，来自他们对村集体发展理念的深刻理解和不断改进完善的实践。

村庄不仅是土地和自然资源的所在地，而且是村民生活工作和交往的地方，所以村庄就是全体村民共同组成的大家庭。战旗村有4 400 多人，怎样组织、领导这样的大家庭，需要具备什么功能才能让大家庭运转起来、持续生存？

这就是今天的乡村需要面对和解决的问题。

战旗村的解决方式，就是发展党组织领导下的集体经济和所有在村的各类经济主体，建立以集体自治为本的村庄全面治理体系。这个治理体系得以发挥作用，依靠的就是党领导下的自主、自立、自强的村集体经济，就是全体村民。全体村民里既有村集体经济组织的成员，也有不算集体成员的新老村民。战旗村“两委”之所以能够得到全体村民的信任和拥护，是因为他们将所有村民都当作大家庭里不可或缺的一员，他们自己不过是所有村民意志的集中代表。集体与个体之间既是协调的、融洽的，又存在着张力，包括几乎每天都在发生着的不同意见的讨论。例如，住宅小区建设中集体利益与个体利益之间是平衡的还是在向个人倾斜？是因为集体不作为还是其他原因？等等。这些充满张力的争论，我们在调研的过程中几乎每天都会遇到。

能够以这样的方式联结集体与个体的村庄，应该就是充满自治精神的村庄，就是村集体拥有主体性的村庄。村庄的主体性是什么？我们很难进行准确的概括，只能这样描述我们看到的情景，借此表达有主体性和没有主体性的村庄的显著区别。我们在战旗村到处都能看到的是，村民和外来投资者对村庄的环境和村内设施设备情况都很满意。我国台湾地区的一些企业，还有成都市民经过多番比较，选择在战旗村安了家，因为这里不仅有较为完善的设施设备，还有帮你解决各种难题、体谅你的困难的暖心的村集体和党组织。我们访问落户战旗村的台湾企业负责人为什么选择战旗村，他们说：“村集体把土地都收储好了，我们只要跟村集体一家谈就好了，而且合作很方便、很愉快，什么事情村里都帮你想到了，解决了。”可见，组织优势造就的村庄和谐生态才是战旗村最大的比较优势，是推动外来户愿意“搭便车”的主要原因。

如何让村庄基层组织成为领导全体村民共富共融的核心力量？战旗村给我们的启示是，要强化基层党组织建设，让村内各级党组织成为带领村庄前进的政治核心和战斗堡垒。说到底，战旗之魂就在于村庄中有一个践行党的根本宗旨，实事求是地为村庄的大多数人谋利益求发展的基层党组织。多年来，战旗村党组织带领全体村民接力干，每一届书记都通过“传帮带”选择继任者接班，将村集体牢牢把握土地资源权益作为村庄的传统一直继承下去。

我们以为，正是党的领导体制、特殊的土地制度，以及中国乡村不同地域相异的地理条件和乡土文化，所面临的环境与机遇的千差万别，决定了农村基层党组织可选择空间比城市中的企业、事业单位要大得多。这也决定了农村基层党组织较之城市基层党组织大有可为。我们需要发自内心地尊重乡村的多样性，理解农村基层党组织与城市基层党组织存在的形同质异性，在坚持党的基本原则的前提下，更突出强调给予农村基层党组织在领导乡村经济社会发展中的足够空间，而不过分强调运作规制标准化，这样才能让农村基层党组织有权有能，发挥好领导核心的作用。

(二) 继承和发扬党的优良作风，是基层领导者必备的素质

战旗村之所以与众不同，经过长期奋斗形成了群众衷心拥护的以党组织为核心的全面治理体系，本质上是因为村党组织及领导干部保持和发扬了中国共产党的优良传统，在工作实践中，处处弘扬党的理论联系实际、密切联系群众、批评与自我批评三大作风。

党的作风是党的思想、组织、制度状况的外在表现，关系到党与群众能不能保持血肉联系。战旗村的领导班子有超前意识，在全国集体经济推行股份合作制的风口浪尖上，敢于将本村集体企业的股份合作制重新改为集体所有制，在全国大多数村庄巩固土地家庭承包制的时代，用了八九年的时间，自主进行集体收储全村农户承包地，实行集体统管农用地的改革。20 多年过去了，很多人问战旗村领导，你们为什么有先见之明？战旗村的领导回答说，就是“实事求是”。这四个字说到了点子上。

1981 年，党的十一届六中全会通过的《关于建国以来党的若干历史问题的决议》将“实事求是、独立自主、群众路线”概括为毛泽东思想“三个活的灵魂”。

早在井冈山时期，毛泽东同志就对一些干部本本主义地面对上级指示，不联系实际，不联系群众，“不根据实际情况进行讨论和审察，一味盲目执行，单纯建立在‘上级’观念上的形式主义的态度”做过严厉的批评。延安时期，他在陕甘宁边区参议会上告诫全党：“共产党是为民族、为人民谋利益的政党，它本身绝无私利可图。它应该受人民的监督，而决不应该违背人民的意旨。它的党员应该站在民众之中，而决不应该站在民众之上。”中华人民共和国成立后，他更加重视党政干部的领导作风。在他亲自制定的《人民公社 60 条修正案》中，颁发了“党政干部三大纪律、八项注意”，还告诫大家：“必须坚持民主作风，反对强迫命令。必须在民主的基础上，建立正确领导，反对放任自流。不许压制民主，不许打击报复。要平等地和群众讨论问题，使有各种不同意见的人都能畅所欲言；对于持有不同意见的社员，只许采用商量的办法、不许采用强制的办法对待，不许乱扣帽子。”对于只唯上、不唯实的干部，《人民公社 60 条修正案》中的一段话是这样讲的：“在我们的干部中，大概还有不少的人，不明白这样一个简单的真理：任何英雄豪杰，他的思想、意见、计划、办法，只能是客观世界的反映，其原料或者半成品只能来自人民群众的实践中，或者自己的科学试验中，他的头脑只能作为一个加工工厂而起制成完成品的作用，否则是一点用处也没有的。人脑制成的这种完成品，究竟合用不合用，正确不正确，还得交由人民群众去考验。如果我们的同志不懂得这一点，那就一定会到处碰钉子。”这些论述，都深刻体现了党的三大作风。

专栏

人民公社各级的干部，都必须认真执行“党政干部三大纪律、八项注意”

三大纪律是：（一）认真执行党中央的政策和国家的法令，积极参加社会主义建设。（二）实行民主集中制。（三）如实反映情况。

八项注意是：（一）关心群众生活。（二）参加集体劳动。（三）以平等的态度对人。（四）工作要同群众商量，办事要公道。（五）同群众打成一片，不特殊化。（六）没有调查，没有发言权。（七）按照实际情况办事。（八）提高无产阶级的阶级觉悟，提高政治水平。

——摘自《农村人民公社工作条例修正草案》第四十八条，中国共产党第八届十中全会，1962

党的三大作风特别是密切联系群众，是在20世纪30年代中央红军在赣南开辟革命根据地时形成的。当时赣南广为传唱着一首歌谣：“苏区干部好作风，自带干粮去办公；日着草鞋干革命，夜打灯笼访贫农。”它生动真实地反映出苏区干部的好作风。从革命战争年代走来的中国共产党，一直将“想群众之所想，急群众之所需，关心群众的痛痒，为群众排忧解难，真心实意地为群众谋利益”作为对党员干部的基本要求。

2013年，在党的群众路线教育实践活动工作会议上，习近平总书记提出："我们党来自人民、植根人民、服务人民，党的根基在人民、血脉在人民、力量在人民。失去了人民拥护和支持，党的事业和工作就无从谈起。党要继续经受住执政考验、改革开放考验、市场经济考验、外部环境考验，就必须始终密切联系群众。在任何时候任何情况下，与人民同呼吸共命运的立场不能变，全心全意为人民服务的宗旨不能忘，群众是真正英雄的历史唯物主义观点不能丢，始终坚持立党为公、执政为民。"2019 年，在中央政治局第十五次集体学习时，习近平总书记再次强调："对党内的一些突出问题，人民群众往往看得很清楚。党员、干部初心变没变、使命记得牢不牢，要由群众来评价、由实践来检验。"

战旗村党组织领导下的村民委员会和村集体经济组织，牢记初心和使命，经受住了长期的考验。

（三）人民群众是历史的创造者

1949 年，毛泽东写下了一篇著名文章《唯心历史观的破产》。其中有句名言是这样说的："世间一切事物中，人是第一个可宝贵的。在共产党领导下，只要有了人，什么人间奇迹也可以造出来。"

今天，中国农村正在发生新的变化，以村集体经济为核心的村庄治理，目标是服务人，也依靠人。这个"人"不只是指中国农民，全国的老百姓都包含在内了。总之，只要有了人，把人民的力量和智慧汇聚起来，奇迹就可以创造出来。村庄治理就是村民们通过自己创造的一套自治的治理体制和机制，去实现自己向往的美好生活。

有些持宿命论观点的人认为，战旗村之所以发展成绩亮眼，在于他们幸运地遇到多位德才兼备的带头人，在于战旗村人杰地灵。这样说至少是不无偏颇的。正如战旗村曾经长期在东南沿海地区工作的苏永全、赵培建等人所感悟到的，战旗村的人才与其他村并无先天的差别，战旗村人在先天条件方面并无优质基因，战旗村人才多而优，是因为后天因素，包括战旗村给青少年提供的良好的成长氛围、给原生战旗人和新战旗人提供的培养历练机会和发展平台。土生土长的战旗村人从年幼时就能感受到村庄发展带来的自豪感，以及给个人成长带来的可能空间。

战旗村带头人的产生，之所以能够达到选贤任能的效果，根基在于党内民主真实有效。形式上，除了早期任命的书记，战旗村的书记都是战旗村党员投票选举出来的。与许多村庄不同的是，在书记人选酝酿和选举投票过程中，战旗村党员表达的意见，主要不是由家族姓氏个人财富或外部社会关系等因素塑造的，不是受干部在选举前的或明或暗的“示利”竞选行为影响的，而是党员对干部的长期观察和评价的结果。干部们凭借长期工作实绩，包括干部在村“两委”工作岗位上的长期工作成绩、工作思路和方式方法、团结协作能力和群众基础等，赢得了同志们的认可。

人才的健康竞争，提供了党组织、村民自治组织、村集体经济组织、村社会组织的人才基础，保证了战旗村各方面工作的高质量，孕育了战旗村的活力。

四、同类做法

（一）山东莱州田家村党支部组建多个乡村社会组织，培育乡村骨干人才

2018 年年初上任的田家村村委会主任杨春华，是被镇上召回村内任职的青年企业家。他上任后才发现，田家村在全镇最乱，村集体最穷，账上一文也没有，还欠 120 多万元外债。当时村民一拨接一拨地找村干部闹事，一个腊月砸了 4 个烟灰缸，铝合金门换了 2 次玻璃，还有人聚众吆喝，“先让你蹦跶 3 个月再说”。怎么办？杨春华和新上任的青年村支书一起，治穷先治乱。他们从整顿村“两委”干部作风开始。他们给村“两委”团队起名叫“启胜团队”，建立了事不过三的处罚规矩。接下来组织群众，选择先锋党员带队，建立了三支村级公益团队。

第一支团队是“老干部委员会”，就是把村里的老支部书记、老主任都请了回来，而且每个家族里的有远见、敢说话、说了算的老人也在其中。这些人是田家村乡村稳定的定盘星，能为村里的大事指路把脉。有他们坐镇，村“两委”干部年轻化、缺乏工作经验的问题也就解决了。

第二支团队是“慈善义工协会”，是把村里的妇女组织起来。杨春华发现，经常找村干部闹事的人大部分是妇女。杨春华发现，组织妇女不但能让村庄安定团结，还能发挥村庄的创造力。这个协会由女党员带头，从 6 名妇女发展到 16 名，现在有 52 名妇女了。妇女们当上慈善义工以后，负责田家村的节日活动举办，还负责助残救孤，捐款、卫生、农副产品宣传等工作，很好地推动了田家村的精神文明建设。

第三支团队是“青年志愿者创业者团队”。杨春华发现，田家村的部分年轻人在城里挣点钱以后心思就膨胀了，看别人不顺眼，讲话也满不在乎。杨春华将村里在外打工的 49 名青年都组织起来，支持他们利用现代信息技术，用网络营销，线上线下相结合做农副产品推广、销售、宣传。这支团队为田家村的乡村振兴注入了新思想、新血液、新活力。

杨春华也是青年，了解青年的心思，他组织青年的方式很特别。比如，他招呼青年晚上一起看热门电影，看到紧张处就搞个暂停，说明村里在产品研发和销售上遇到点困难，让大家集思广益，过后再接着看电影。他抓住了青年感兴趣的点，激发他们的创造力。

这三支团队建起来后，身体、头脑和手脚都能很好配合了，田家村就出现了新面貌。他们大兴节日产业。“逢节必办，没节找节办”，挖掘文化内涵。特别是在中秋节前，隆重推出以本村老谷种种下的小米推广的节日“小米丰收美食节”。从 2018 年到 2020 年，三年上了三个台阶。第一年是在村里办，第二年是在街道办，第三年是在市里办。他们知道，酒香也怕巷子深，好产品也需要引流聚人气。而慈善公益组织和关注生态的企业在聚人气上能起到杠杆效用。田家村与自己的村级公益组织和莱州市慈善总会等村外公益组织合作，成立了“公益小天使的活动基地”“大自然的培训中心”“小红军影视基地”等组织，请有关人员定期带人流到村里做活动。田家村还与“千人槐花包子大赛”和市区所有的婚姻介绍所合作。每个周六、周日，田家村都有丰富的社会活动，这就打出了田家村和贡小米的品牌。

田家村还有一个社会组织，是村党支部领办的“群众拥党先锋团”。杨春华琢磨，我们党为了乡村振兴，投入这么多精力究竟是为了什么？答案是为了让群众主动地拥护党、爱戴党。现在农村工作不好做，最根本的原因是村集体对村民缺乏抓手，老百姓没了信仰。生了孩子都想着以后让他当官儿，或者做生意发财。怎么改变这种状况？让老百姓主动地信仰党，感恩百姓！就要想党能给他们带来什么。现在，党支部开会就是念念文件，看起来高大上，但是跟农村工作结合不起来，比较古板，党员群众也不容易理解。所以，杨春华想通过组织“群众拥党先锋团”，让群众中的积极分子多做好事去激发党员的荣誉感和责任感，推动党员主动地带领群众前进。具体怎么做呢？老百姓最在乎人情世故，最怕欠人情，那就通过互相欠人情来激发人们互帮互助。还有，要畅通党群关系，关键是财务要公开透明。田家村成立了理财小组，由老干部委员会里的老支书、老会计做成员。村理财小组每周公布村里的所有资金去向，让全体村民来监督。公榜牌矗立在村头的显眼位置，牌前还有桌子、凳子和棋盘，老百姓可以边下棋边看榜。现在，公榜成了村党支部、村民委员会与村民沟通的桥梁和工具，争取到了老百姓对党支部、村民委员会工作的理解、认可和支持。

还有，通过党员包户和联户制，实现了以党员为节点进而实现全覆盖的村民网络。通过党员和群众的直接、反复沟通，将所有涉及群众利益的事情说明白，提高了田家村集体的工作效率。2021年，莱州市举行全市干事创业大赛，田家村由之前排在1 000多名提高到进入前10名。

田家村的经验就是乡村发展要走组织化的路，把经济发展起来，把人心凝聚起来。

链接资料

1. 杨春华."新党建"再造村社秩序，重经营做强合作经济：莱州田家村故事［EB/OL］.（2021-06-20）［2021-07-21］. https://mp.weixin.qq.com/s/C8lM2Ykcn6l4S2YdvqKaxw.（本文由杨春华讲述，由杨团整理）
2. 杨团，刘建进，仝志辉. 探路乡村振兴的基层实践："乡村振兴探路者论坛"2021年度案例观察［M］. 北京：中国社会科学出版社，2022：1-64.

（二）内蒙古经棚镇联合会建立专职专业的总干事团队，培育青年人才

内蒙古克什克腾旗经棚镇农业发展合作联合会（以下简称“镇联合会”）是一个新型的乡镇级集体经济组织。它虽然不拥有村、组集体的土地所有权，也不是村、组集体用土地或资金入股的股份联合体，但是它的确是全镇农户自愿联合并按照《中华人民共和国农民专业合作社》（以下简称《农民专业合作社》）选举产生理事会、监事会，以及实现按劳分配、共享收益的自治型集体经济的经营性组织。该组织实行的是联合会理事会领导下的总干事负责制。总干事是全职聘用人员，相当于企业的总经理，也可称为职业经理人、农合组织CEO。总干事带领同样是全职聘用人员的一支团队，叫作总干事团队。

该团队从最初的6个人发展到现在的近80人。他们的平均年龄为30多岁，一半是大中专毕业生，全部来自本地，镇联合会给他们缴纳了三险一金。尽管他们的平均工资不高，工作强度很大，但是为小农户服务得到的赞誉和成就感让他们努力不懈，无人离队。有了这样一支团队，为农、务农、兴农的理念才得以实现。

经棚镇联合会为什么要建立专职的总干事团队？简言之，是为了

给全镇小农户和村集体提供所需要的“生产、经营、信用”再加上“消费”的四位一体的服务。村庄的规模不足以提供这样的服务。但是在乡镇一级建立的大量的联合社或者联合会，只是很少几个合作社头头的联合，并不覆盖广大农户，这就要求有关负责人必须与农户建立紧密联系和利益纽带。可见，组织结构是独立于规模之外的又一个要素。再有，很多乡镇联合社、联合会的工作量与可掌控的资源，特别是人力资源不相匹配，工资无来源，经常发不出，人员无法稳定，也招不到优秀人才。现在，很多农民合作组织之所以未能发挥出预想的作用，很大程度上在于其缺乏专业的有能力的执行团队，致使章程规定的组织宗旨和功能变成一纸空文。

这些普遍存在的难题需要找到解决方法。

经棚镇党委在与农禾之家咨询服务中心（以下简称“农禾之家”）合作试点的初期，就接受了农禾之家的建议，将扶持镇联合会专职总干事团队视为强化农民合作组织执行能力、实现农业农村社会化服务目标的重中之重。首先，联合会是具有自我运营功能的公益社团法人，要用市场经营、市场服务的手段达到盈亏平衡，自养有余，所以它的性质类似于社会企业或民办事业单位，不能依靠政府资源支付运营成本。组织章程明确规定，要为村集体和小农户提供生产合作、信用合作、供销合作和托管等服务。

其次，镇联合会建立了一整套以服务小农户为目标的新型人事制度，按章程规定，理事会聘任总干事，总干事聘任的人员组成专职服务团队。

镇联合会将组织规模、组织结构和专职团队作为农民合作组织系统的三大要素，在联合会组建之初就予以统筹规划，确定目标，一体设计，以方便之后的落地执行。这一揽子解决方案，有助于获得整体性的持久效益。

这支团队做了什么？

经棚镇总干事团队覆盖经棚镇联合会所辖所有部门，换言之，所有部门的专职人员统称为总干事团队。现在，经棚镇联合会有6个部门。除了办公室和财务部门外，主要的业务部门有：

基层组织住房和城乡建设部，主要工作是对农户进行组织和宣传。政府推动的农业社会化、专业化服务项目等都是通过这个部门落实到村集体和小农户的。镇联合会组织的到村到户的所有工作，也是通过这个部门执行的。所以，这个部门是镇联合会最重要的部门，工作量也最大，有12名成员，都有中专及以上学历。

超市—供销合作平台，是镇联合会成立之初就在党和政府的支持下，运用供销社的空置场地，建立了1 700平方米的超市，然后又将供销社的农资购销和农副产品销售的功能嫁接在超市上，组成了这个合作平台。现在线下有店，线上也有电商平台，超市经理加上工作人员共计 29 人。

资金互助部，是对镇联合会设立之前永胜合作社资金互助功能的接续和拓展，针对如何有效利用会员的闲置资金，解决会员内部资金周转的需要，以及镇联合会为小农户提供生产合作和供销合作的团购服务需要流量现金支持的问题，有 2 名成员。

农业产业职业经理人，是 2021 年新增的团队，约 20 人。只是后来这个部门的队伍基本上解散了。

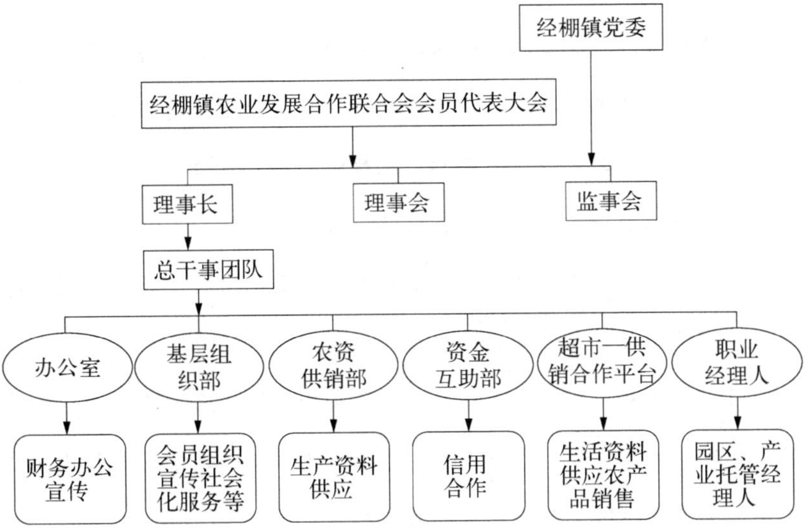

图 2-1　克什克腾旗经棚镇农业发展合作联合会组织架构图

就是这支年轻的知识青年团队，运筹帷幄，指挥全镇300多人的机手队伍，为5 600户农户做生产服务。他们每天进村下组入户，3年来周六、周日几乎没有休息过，下村多达1 000余次，跑遍了全镇各村民组，每年与农户签订土地托管合同3 000多份。他们巧妙地将线性规划等系统工程方法运用到实践中，统筹兼顾各项工作，不跑空车，不单打一，日常事务全部列入日、月、季度计划，各村需要的生产、供销、消费和信贷服务，统统通过“村组网格微信群+服务站”的日报和周报等载体打通信息流。镇联合会和村服务站配备的货运车辆都备有与信息流相对应的物流清单。员工每日出车下乡之前，通过各村网格员直达服务站的微信传递，就能及时了解农户的各种需求信息，做好当天的工作安排，将备好的农户需要的生活消费品从新农联超市提出并装车，带到村服务站，返程时又将农户自产的农副产品带回镇里，经溯源登记后直接投放到超市售卖。

这支团队具体是怎么建立起来的？资源由谁供给？如何做到可持续？经棚镇联合会在这方面有明显的创新，其做法是：

(1) 在农禾之家支持下，镇联合会在筹备期就建立了全部是大学毕业生的青年工作队，参与各项工作。四年来，当时招募的本县3名大学生都留在镇联合会而且都成为中层骨干。

(2) 镇联合会招募返乡、入乡、在乡的三类人参加专职工作团队，历经四年，这支团队已经发展到近80人，大部分是青年人。他们确实已经成长为扎根乡村为农服务的新青年。

(3) 这支团队的资源供给完全依靠镇联合会的服务收益。这在全国所有农民合作组织当中是很罕见的。服务收益分几个部分：一是来自镇联合会自办的超市的利润；二是接受政府项目如农业社会化服务得到的服务费；三是农资购销利润；四是接受托管项目的托管费；等等。这些收益，镇联合会并没有用于养自己的团队，而是自己始终坚持成本运作，过了盈亏平衡点的所有利润都让利给农户和村集体。他们认为，自己就是一个为农服务的非营利社团组织，为农服务是自己的责任和本分，让农户和村集体得到更多的利益才是自己的光荣和骄傲。

这支团队能不能在农村待得住，并且保持工作干劲？

镇联合会自成立以来一直秉承公益性服务与经营性服务相结合的原则，坚持农户和村集体利益优先，因而获得了很高的社会信誉。镇联合会为农服务事业的蓬勃发展，让直接参与的这批年轻人认可了自己工作的价值，觉得为农服务的事业有发展前途。还有，青年团队在工作中体会到人生价值，获得了自我评价的满足感。他们与农户和村集体建立了深厚感情。农户和村集体对镇联合会服务的满意度和满足感让团队成员每天都对自己工作的价值感到欣慰。

党的十九大明确要求“培养造就一支懂农业、爱农村、爱农民的‘三农’工作队伍”。这支工作队伍到底是政府的还是民间的，并不明确。而经棚镇联合会的总干事团队开辟了新路径，以扎根乡村、服务农业、带动农民的创新创业群体的组织化，取代了政府多年来以事业单位体制经营的“七站八所”。民间设立的专职专业的总干事团队，是乡村振兴在基层可持续发展的组织基础和人才基础。

五、邀你共议

1. 村级基层党组织建设怎样避免陷入形式主义，用什么思路和方式衡量一个村庄的党建工作的水平和成效?

2. 村庄干事缺人才是普遍现象，结合本章内容想一想，在培育人才方面，我们可以从“战旗经验”以及田家村、经棚镇的经验中学到什么?

3. 村庄的主要负责人如何做才能让村民真心信服?

第三章

村庄治理中的村民自治

一、背景导入

“村民自治”的正式提法始见于1982年我国修订颁布的《中华人民共和国宪法》第一百一十一条，其中规定“村民委员会是基层群众自治性组织”。简而言之，村民自治就是我国广大农民群众直接行使民主权利，依法办理自己的事情，创造自己的幸福生活，实行自我管理、自我教育、自我服务的一项基本社会政治制度。村民自治的核心内容是“四项民主”，即民主选举、民主决策、民主管理、民主监督。

村民委员会组织制度来自中国农民的自发创造。

人民公社时期，村庄的一切事务由政社合一的农村集体经济组织即生产大队和生产小队全权管理。1978年以来的农村改革实行了土地承包到户，集体所有的资产几乎都分给了个人，集体办的企业也以股份制的方式归个人使用。这让大部分村级集体经济组织除了土地所有权的空置名头外，几乎什么也没有了。尽管全国有1 100多个村庄还存在集体资产和集体经济组织，不过在当时70多万个行政村里，占比只有万分之几。就全国而言，集体经济组织已经名存实亡。

农村基层没有了集体经济，就没有了姓“公”的组织力量，各种社会思潮就开始在农村中泛滥。最初表现为村民之间的矛盾纠纷增多，治安混乱。1980 年，广西壮族自治区河池市宜州区合寨村的农民群众自发组织治安联防队，建立自治的村民委员会，制定《村规民约》，并设立村级调解组织。这种创新实践被中央政府看到后，立即着手调研，并直接推动“村民委员会组织法”的立法实践。可见，当时这部法的立法初衷就是填补农村基层公共力量的空白，解决当时全国农村普遍存在的社会问题。

1987 年，《村民委员会组织法》开始试行，1998 年该法正式施行。

（一）村民自治是农村基层治理的基本制度

村民自治实际上是一整套农村基层治理制度框架。《村民委员会组织法》规定，通过村民选举产生的村民委员会属于群众性自治组织；在党的领导下，村民委员会组织群众开展基层治理活动，解决基层公共事务。可见，村民自治的这套治理框架，就是国家通过立法手段，与以村庄为边界的社会区域达成的法定制度的协议。因此，凡不违背国家法律和政策的事务，村民都可通过内部协商方式自主解决，村庄就成为“法无禁止皆可为”的自主治理的区域。

不过，《村民委员会组织法》在实践中一度被简化和弱化为只是村民投票选举村民委员会成员的制度，而没有注重组织村民自觉、自主参与民主讨论，共同决定村庄的各项重要事务。村内所有事务变更基本上是由村委会主任和委员们自行决定的。村民委员会本应是村民大会这个权力机构委托代理的执行机构，但在现实中却本末倒置了。显然，仅靠投票选举、设立村民委员会和村务监督委员会不能解决村庄民主治理的问题。所以，激活《村民委员会组织法》的核心精神与原则，依靠村民自治实现乡村基层治理，就成为党的十八大以来国家和社会着力探索的乡村治理的重要主题。

乡村基层治理进入新阶段的重要信号，是党的十八届三中全会提出国家治理体系和治理能力现代化建设目标，党的十九届四中全会又将“坚持和完善中国特色社会主义制度、推进国家治理体系和治理能力现代化”作为重大主题。国家治理现代化的基础就是城乡基层治理现代化。

强化乡村基层治理的必要性与迫切性在于：

一是社会结构变了。改革开放 40 多年来，中国广大农村的社会结构发生巨变，传统的村庄熟人社会逐步瓦解，城乡融合成为大趋势。这让相当一部分村庄或解体或转变为新村民加入的半熟人社会，乃至和城市社区类似的陌生人社会。

二是社会环境变了。改革开放以来，国家日益强盛，国家资源资金大幅度地向农村倾斜，国家投入村庄的大量公共设施、公共资产需要进行日常维护和管理，并且有组织担责。

三是农村人口占大半的基本国情仍然未变，而且长期不会改变。这导致城乡不均衡发展格局在短期内不会消除，所以立足现实、实事求是、勤俭办一切事业的传统不能丢弃。照搬城市社区治理方式做农村治理行不通，即便有些地方能行得通也要支付高昂成本。基于这些情况，乡村治理特别是村庄治理需要起到“压舱石”的作用，为乡村振兴、城乡融合的中国现代化进程降低风险，走出低成本、高效能、高质量发展的路子。

还有，由村民自己创造和发展出的村民自治体制，实际上延续了1949年中华人民共和国成立以来中国农村基层的政社双轨并行的治理传统。政府力量并非一直管到村庄和村民小组。无论是互助组时期、合作社时期、人民公社时期还是改革开放初期，乡村一直有农民自治的位置。《村民委员会组织法》又明确了乡政村治体制，区分乡与村，将行使国家行政权力的最底层设在乡镇一级，用来维护村庄的自治属性。

村民自治对于乡村基层而言，过去需要，现在需要，将来还需要。这是因为：中国乡村社会有着深厚的自治的历史文化传统；乡村永远存在着大量政府管不到和不必管的事务；进入新时期，乡村出现新状况、新问题，对基层治理的新需求不仅来自村民，还来自各级政府。

最近几年，为完成脱贫攻坚的重大战略，国家大规模地向各地农村投入道路、交通、水利、社区公共服务等各项公共设施、设备，几年间，让全国农村的硬件水平有了很大幅度的提升。这势必带来这些公共设施的维护管理和善用的问题。农村公共设施基层治理的“最后一公里”，不可能靠国家完全兜起来，国家可以列出维护维修费用，但必须依靠乡村农民自组织的力量来解决。

另外，每个村庄都有自己不同于其他村庄的资源环境、文化禀赋、集体资产和农户需求。特别是在中国乡村快速变迁的过程中，农民的需求高度分散，要满足农民的需求，只依靠市场不行，只依靠政府给予村庄的一般性和平均化的物质援助也不行，起码是不足够和不能应对高度分散、千变万化的农民需求的，只有以村庄为社会单元，激活村庄也就是激活村庄集体组织的自治性、主体性，通过发展包容各类经济的新型农村集体经济，以村庄基层组织自治促进各类主体共治共建，才能创造更多的社会经济效益，实现成员的共富共享。

（二）加强和完善村民自治组织建设，是实现基层治理现代化的基石

基层治理现代化，最重要的是占全国地域八成以上、人口六成以上的农村（全国有9亿多人登记为农村集体经济组织成员）基层组织的治理现代化。

村民自治组织分为正式组织和非正式组织。正式组织指的是村民大会、村民代表会议、村民小组会议、村民委员会和村级事务监督委员会。村民议事会虽然不是依《村民委员会组织法》规定成立的，但是由村民大会决定、村民代表会议授权的，所以也该算作村级正式组织。

非正式组织指的是由村规民约、村集体自主认定的农村社会组织。除了前面提到的红白理事会、小区业主委员会、文娱团体等志愿者组织外，还有一些随着时代发展和村民需要而出现的众多规模不同、松散程度和组织程度也不同的特定的组织团体。

加强村民自治组织建设，增强村民的组织力、村庄的组织力，都要依靠这些正式和非正式的村民自治组织。

在组织建设中，治理结构、职能建设、队伍建设都是非常重要的。组织建设的效果主要表现村民自治的核心内容，即民主治理的四项要求——民主选举、民主决策、民主管理、民主监督——在多大程度上能够实现。其中，村内重大事项，是否能够经过村民大会的充分讨论，按照大多数村民的意愿投票表决？对于村内各项事务，特别是直接涉及村民经济利益的集体土地的分配、集体资产的处置等，村民能不能充分发表意见，进行民主协商和集体决策？村民议事会、村民代表会、村级事务监督委员会是能真实地发挥作用还是形同虚设？

其中最需要警惕的现象就是一些地区出现的村级治理行政化趋势。税费改革之前，农村公共服务供给主要依靠农民承担，农村基层组织运转依靠“村提留”维持。今天看来，这是历史发展阶段留给基层自主治理的空间。税费改革之后，农村公共品供给和村级组织运转成本主要靠财政支付，村“两委”的干部从之前拿务工补贴变成享受财政工资，这是出现村级治理行政化趋势的客观原因。激活村民自治基层组织自治的活力并对其实际运行效果进行评价，关键在于阻断这种趋势。

二、战旗实践

（一）战旗村的村民自治组织

1. 村民自治组织的治理结构和运行状态

战旗村的村民自治组织的治理结构既有和其他村庄共同的一面，也有其特殊的一面。共同的一面是治理结构相同：依《村民委员会组织法》设立村民大会，大会授权设立村民代表会议，全面行使对村民委员会执行村务的认可或撤销的最高权力；由村民选举产生的村民委员会，行使代理村务的具体执行权力；村务监督委员会负责监督村民委员会、村民代表会议的行事能否落实村民大会的意志，行使监督权力。

特殊的一面是，为了解决 4 400 多人的大村无法召集全体村民开会的难题，战旗村不仅设置了小规模的村民代表会议，而且从村民代表会议中套出了村民议事会。村民代表会议授权村民议事会，将它作为自己的常设机构，经常对村内的大事进行了解、讨论、协商。

强化村民议事会的作用，相当于在权力机构和执行机构之间架起了一座桥，让村民自治的原则能够通过村民议事会深度参与村民委员会工作得到更好实现。

(1) 村民代表会议和村民议事会

战旗村的议事会成员，是由从村民代表中选出来的若干人组成的。战旗村村民代表会议共有81人，村民议事会成员有49人。村民议事会经常开会议事，不只是需要做决策时才讨论，凡由村民代表会议决策的重要事项，都需经村民议事会充分酝酿并取得一致意见，提出决策方案，才能在村民代表大会上表决，所以绝大多数情况下，村民议事会通过的意见，村民代表会议也能通得过。

村民代表会议的作用主要是审议村民议事会提出的表决案，进行投票表决，主要是为了取得表决的合法性，以及在全村进行宣传。

村民议事会要讨论的事情很多，如开展巡逻、环境卫生整治、修路、修沟等工程项目。有些项目的修缮资金来自政府给予各村的社会保障公共服务资金。但是村民议事会要知道村里做了哪些项目，有没有发生违规行为等。需要提请村民代表会议表决的重大事项，有村集体招商引资项目，例如村集体投资或者与外部合资的项目要审议，建设工程要竞标等；有村集体的土地的流转或苗木腾退等项目；还有金星村合并进来后，要进行宅基地、林地测量和房屋拆建的改造；等等。这些都属于重大事项，村民议事会常常为商议这些大事密集开会。所以，村民议事会开会的时间不固定，需要时就马上召集会议。对村民议事会成员资格的主要要求是长期在村、在家和做事认真负责，党员优先。村民议事会成员由各村民小组的老组长提名、村委会主任审核，党员优先。

村民议事会由村党委负责人召集，主题由村党委提议。在想法有八成把握时，村党委就将村民议事会成员召集起来，大家民主讨论。2015 年，在成都市进行村集体建设用地试点过程中，战旗村做好了争取上市试点的物质准备后，必须经村民代表会议通过。上市前，战旗村召开村民议事会讨论。代表们不理解集体所有的土地怎么能“卖”给别人。高德敏书记解释道，战旗村“出售”的不是土地所有权，而是有期限的建设用地使用权，过了 40 年，这块地的使用权还是村集体的。而且这 40 年的使用权“出售”可以给村庄带来巨大的利益，可以解决村集体想做的很多项目问题。最后，这个提议得到了村民议事会全体成员的认同，在村民代表会议上也顺利通过。

(2) 村民委员会和村务监督委员会

村民委员会由村民选举产生，由于金星村并入战旗村后总人口数增加了，所以村民委员会成员也从原来的 9 人增加到 11 人。村务监督委员会成员为 5 人，其中主任为党委副书记兼纪委书记，副主任为纪委委员，另外 3 名从村民代表中选拔。村务监督委员会的主要工作，一是监督村集体的财务状况和项目资金的使用，二是按照合同的约定进行工程质量的检查，发现问题及时向施工方提出整改意见，并填写整改建议。

(3) 老村民小组和新村民小组

在一个行政村有很多自然村的年代，村民小组一般是按照自然村划分的，战旗村也不例外。战旗村坐落于川西平原上典型的川西林盘。川西林盘发源于古蜀文明，是一种由林、水、宅、田共同组成的生态小系统。小的林盘有几户、十几户人家，大的能有上百户。在2009年集中居住之前，构成战旗村的9个自然村落散布于川西林盘上，集中居住后一举并为一个大村。2020年并入战旗村的金星村，有10个自然村落。

战旗村没有实行集中居住之前，村民小组是按照自然村划分的，村民小组也是人民公社时期的生产队。集中居住后，为方便管理，村民小组集体以相互靠近的楼院新邻里划分新的村民小组。新组类似于城市住宅小区里的分组，与原来老村民小组的人员不同。适应集中居住后生活方式的改变，新村民小组的功能也有所改变。人民公社时期，村民小组就是生产队，属于生产组织；土地集中、住宅集中到村集体以后，新的村民小组主要功能转向公共服务。

村民小组是村集体的支脉，每个村民小组都是一个组集体。不过，与拥有很多按自然村划分的村民小组的村庄不同，战旗村几乎全部的土地和所有集体资产由村集体集中管理，新村民小组已经没有经济功能，2009年集中居住之前，村民小组处理盈余收入，代村集体下发土地费和年终分红。集中居住之后，全村统一核算收支，村民所得统一下发到户。新村民小组的工作包含以下三点：一是传达村集体要求传达到农户的所有信息；二是承担村集体下达的公共服务方面的任务，如社区管理、政策宣传、环境卫生保护、矛盾调解等公共事务；三是化解小组内的农户之间的矛盾。所以说，新村民小组的功能更像城市小区，主要负责社区事务管理和协调邻里关系。

村民小组的工作主要由组长承担。组长既是村集体下达的公共服务任务的执行者，又是将组内农民提出的公共服务需求反映给村集体的信息沟通者和动员组民参与公共服务的组织者。组长实际上成了村庄治理进门到户的最终执行者。

村民小组是村集体和村民之间的桥梁，组长更多的是要为大家服务的，这就要求组长人选必须为人正直公正、乐于助人。当我们问一位叫罗正国的农民为什么愿意做村民小组组长时，他告诉我们，自己不是为这点微薄的月津贴做的，能被选为村民小组组长，得到大家的信任是一种荣誉。自己为组里的农民解决了邻里纠纷问题，被公认为“为人公正”，受到大家的尊重，这比多得一点收入要重要得多。虽然的确因为担任村民小组组长影响了一点个人收入，但他心里很满足。

一位担任村民小组组长多年的女村民唐万秀告诉我们，在大集体时代，村民收入与集体收入挂钩，组长动员村民相对容易，而今，由于社会风气变化，村民个体意识增强、集体观念弱化，再来动员村民参与修水渠、清扫卫生等公共事项，没有村集体的强力支持，已经很难做到了。作为组长，她自己能尽力而为，带动大家，但是无法改变环境变化引起的人心的变化。

（4）村网格

按照区里的要求，战旗村现在的网格化系统分为 68 个微网格，每个网格有一个管理员，全村的网格长是一把手即村党委书记高德敏，还任命村民任绪瑶为常务网格长。网格将全村所有人、事、物全面管理起来。一旦发生突发情况，比如交通事故，相应的网格管理员就要第一时间通过网络上报，之后的事故处理、现场清理，都要及时上报。上级会对各种事项的上报、处理给予评价，记录在案。

其实，战旗村早在七八年前就自主建立了村内的网络管理系统，主要是动员党员干部分户分片包干联系村民户，了解村民需求，为村民做好服务。在新冠疫情防控期间，战旗村的这个网络发挥了很大的作用。

目前，成都市大力推行微网实格治理模式下乡。战旗村在原来的网络基础上建立了网格员组织网络。这个网络的核心是人找到人、人联系人。如何组成 68 个网格，如何找到网格员？战旗村采取的方式是请16个村民小组组长都出任微网格员，将网格员的工作与他们的日常工作结合起来，以减少重复劳动，他们还找了一些骨干村民担任微网格员。

网格员的工作很繁杂，全村每个家庭的用水、用电、用气和环境卫生等日常生活，全在管理范围之列。例如，燃气公司的炉具软管、熄火装置等，一个月至少检查一次，以消除安全隐患。

特别是上级有考核任务的，如安全（维稳、巡逻）、信访、禁毒、保洁、城市管理、环境整治，都要分工到人，执行到位。目前的工作大多是比较被动的，因为网格员没有执法权。比如查出企业内部有安全隐患，但是企业不买账，这时就需要通过网格员的积极作为来解决安全问题。战旗村的常务网格长——党员任绪瑶服务意识、管理能力强，处处发挥模范带头作用影响着微网格员，鼓励他们为大家奉献。

（二）村民自治下的民主治理

1. 实现四项民主

民主治理要讲四项民主：民主选举、民主决策、民主管理和民主监督。

我们认真考察了战旗村的民主治理状况后发现，战旗村的村民自治，确实是不折不扣地努力实践这四项民主。

第一，民主选举。

在战旗村，民主换届选举是按照规定程序操作的。先进行党组织换届，然后是村民委员会换届，最后是党小组、村民小组换届。另外，战旗村还同时要选出一定数量的村民代表组成村民议事会。

村级党组织换届的程序是：(1) 成立以包村或驻村干部为负责人的换届选举领导小组；(2) 召开换届选举的党员宣传动员大会，特别强调换届工作纪律；(3) 在规定时间内按要求通过组织推荐、自荐、党员 10 人联名推荐的方式产生委员初步候选人；(4) 经换届选举领导小组初审合格后报上级党组织审核；(5) 审核通过后再按规定时间在规定范围内进行公示；(6) 公示无异议，在换届选举日召开党员大会进行差额选举；(7) 委员产生后再由委员会选举出书记；(8) 最终结果报上级党组织批准。

村民委员会的换届要复杂些。在未实行书记主任一肩挑之前，书记就是换届选举领导小组的负责人。一肩挑后，由于书记是村委会主任的候选人之一，因此不能是换届选举领导小组负责人了。村委会主任候选人也可以是组织推荐、自荐和村民 10 人联名推荐。必须是差额选举，因此至少有两名初步候选人。如果有两名以上初步候选人就要进行初选或在换届选举领导小组主持下进行候选人协商，协商不成的就要通过选举来产生正式候选人。正式候选人只能是两名。然后是委员初步候选人和正式候选人的确定。以上人员都是要经过相关部门的资格审查和政审把关后按规定的程序、规定的时间、规定的地点进行正式选举。书记经村民大会选举通过就成为村委会主任，最终实现一肩挑。

再就是党小组和村民小组的换届了。村民小组的换届选举同村民代表的换届选举同步进行，由村党组织派人分别到各小组召开小组村民大会，讨论好选举办法，同时通过选举产生村民小组组长和按各小组人数分配一定名额的村民代表。

为了处理好村社的重要事务，战旗村还在村民代表选举中产生一定比例的代表作为村民议事会成员。所以村民议事会成员都是村民代表。村民代表和村民议事会成员在村民票决中一起产生。具体办法是按照村民票决数从高到低排序，再按照分配给各村民小组的村民代表、村民议事会成员的名额进行选取。假如一个村民小组应选 10 个村民代表、7 个村民议事会成员，那么票数排在前 10 位的是村民代表，排在前 7 位的村民代表同时是村民议事会成员。村“两委”主要干部都在本村民小组内参加选举，都要通过村民选举进入村民议事会。

第二，民主决策。

前面讲过，战旗村的所有重大决策，都是先通过村民议事会的充分协商讨论，将所有问题都解决了，才提交村民代表会议投票表决。这类表决不是过半数就有效，而是85%以上的村民代表投赞成票，提案才算通过。要实现比《村民委员会组织法》规定严格很多的投票表决规则，就必须设置和组织好村民议事会这个非法定的村民自治机构，做好提案表决前的准备工作。

战旗村村民议事会代表的产生是与村民代表选举一并举行的。村民议事会的49名代表中，有一小半是村党委、村民委员会以及四大职能办的干部。当然，他们都是在本小组内被选上的村民代表和村民议事会代表。所以，在村民议事会讨论时，党委书记高德敏和村里的主要干部，都会先讲明国家政策、地方政策和战旗村的优势和难题、村“两委”和集体经济组织对村庄发展的大致思路，还会给大家分析利弊。当遇到有些问题一时拿不出好的解决方案时，他们就先放下一段时间，大家一起想办法解决。不然，他们就组织外出学习考察，了解外面的好做法、好经验。为了解决具体问题，他们还经常分人包片，特别是与有看法、有意见的村民多次磋商，给村民们反复讲解，答疑解惑，听取村民们的意见诉求。在这种“讲真话、讨论真问题、真讨论问题”的民主过程中，村民提出的意见大都可以得到妥善解决，据此调整优化的决策，在村民代表会议上，就很容易得到85%以上村民的理解和接受，而且决议案通过后，也会比较顺利地贯彻执行。

战旗村正是坚持了村民代表会议投票前必须经村民议事会、村民与村民之间的充分讨论协商，让提出议案的村集体领导班子能够“听到”和“听进”村民们的意见，采用其中的合理性意见和诉求，实现了真正的“民主决策”，才让村民们对村集体有了信任，对自己在促进村庄治理中的作用有了自信，最终让村民与村集体领导班子之间的互相信任得以维系和增进。

例如，很多村在土地集中时虽然做到了确权不确地，但是像战旗村那样，农用地按照全村人口平均分配，每人1亩1分3厘7，每户宅基地有80平方米，很少有村庄能做到这一步。在土地到底要不要均分问题上，曾有过很多争论。当时每个村民小组的土地不一样多，土地的条件也不同，不仅是村民小组之间争论不休，还有人说书记、副书记及其他干部干事多，也该多分些。高德敏书记就对大家解释说不能多分，要平均分。他说：“因为我今天是书记，多占了资源，下一任书记又要多分，再下任书记还这样做，对老百姓就很不公平。”这些话很打动人心。

在战旗村做土地增减挂钩、建设新小区集中居住的这几年，就是全村大讨论、大民主和大集中的过程。决定要修战旗集中住宅新居时，先开了村民议事会，通过后召开村民代表会议，经投票同意后，再分区召开全体村民大会。最后全村搬进新居，没有一户不满意，所有矛盾都通过充分尊重民意化解了。楼层置换有需求，村“两委”就支持村民自主协商换房。所有闲话如位置好的一定是当干部的去住，都因为程序完全公开透明而不攻自破了。

在访谈中，有位曾任队长的八十几岁的老者告诉我们，战旗村凡遇大事都要经村民讨论同意是一种习惯，当年就有好多事是通过生产小队队长挨家挨户征求农户意见，索要签字。看来，民主是一种习惯，习惯养成不易，坚持才能养成。

第三，民主管理。

战旗村通过村民代表会议讨论制定了《战旗村民主管理办法》，按照该办法的规定，实行“党组织领导、议事会决策、监事会监督、村民委员会执行”的基层自治机制。其中，村民议事会决策的含义在于，接受村民代表会议授权的村民议事会，其成员都是村民代表，且成员总数超过村民代表的半数，所以相当于缩小版的村民代表会议或其常务委员会。可以代表村民代表大会决定重要事项，但是重大事项还是要召开村民代表会议投票决定。

总之，战旗村把握住了民主管理的精髓，就是大家同意了的事情才算数，而且要做事情就要按照制度执行。

无论是村民大会、村民代表会议、村民议事会这样的权力机构还是村民委员会这样的执行机构，无论是党务、村务还是集体经济事务，无论是决策还是执行、管理，战旗村的每个主体、每个功能、每个层级都有规定清晰的制度规范和程序，每项工作都有明确的规则和具体的程序。每个职位都有分类，再按职位的责任大小、工作繁简、受教育程度、技术精粗进行划分。要求大家照章办事，成为战旗村几十年形成的习惯。每个岗位，每个工作人员，都要认真做好每一项工作、每一件事，是战旗村干部和群众的共识。对工作人员的工资收入和奖励分配也有明确的规定。村领导班子成员除了按照政府标准得到的报酬外，还有一份从集体经济组织那里得到的按职位分类和级别给予的报酬。

民主管理的原则与民主决策一样，需要公开透明，需要大家协商讨论，即“有事多商量，遇事多商量，做事多商量”，商量得越多越深入，管理规则的执行就越顺畅。

第四，民主监督。

实现民主监督的前提是建立负责监督工作的组织和制度。村民自治的监督组织有村务监督委员会、集体经济组织监督委员会。村民理事会不但要议事，还有监督之责。监督的制度也比较完善。民主监督的对象也是组织和制度，组织主要是负责村务的村民委员会和负责经济事务的集体经济组织理事会，制度就有很多了，但不外乎村务和集体经济事务两个方面。为了杜绝因干部交叉任职而产生的待遇两边拿的问题，建立健全治理机制，战旗村严格规定：村“两委”成员不得在村集体资产管理公司领工资，只能从村民委员会领取工资，另行发放的绩效工资与工作考核、村级集体经营性收入直接挂钩，从村民委员会公共开支中领取。另外，战旗村还制定了村级小微权力清单制度，通过“清权”“晒权”“束权”，细化和明确了村干部权力“边界”及决策程序。

这就为监督的组织和监督的制度奠定了基础。

村务监督委员会和集体经济组织监督委员会是两块牌子、一套班子，负责对组织行为、工程进程和财务进行全面监督。

财务监督是民主监督非常重要的方面。财务功能是一种业务功能，在民主监督上很有意义。首先是公开透明，让全体村民知晓村集体用了多少钱，用在什么上，用得对不对。

财务的每个重大事项都要村务监督委员会成员审核签字。项目修建工程中履行相关手续，也要按规定审核签字。

战旗村财务部门每个月都会在公示栏中对村民公开村财务报表，年底向村民代表公布年度财务报表，说明财务收支和资产变动状况，还要进行解释和讨论。村内的社会保障公共服务资金账目按季度在公示栏内公布。

公布的账目都贴在公示栏里，除了财务账目，党务、村务的重要事项也在这里及时公布，接受村民监督。

为让全体村民都能及时看到、及时了解村财务报表和重大村务事项，战旗村除在村民委员会的门外设置公示栏外，还在全村设立了多个村务公示栏，均衡分布在16个村民小组。

除了村务信息公示，战旗村每年年底召开各部门各组织的年度工作汇报会议，向村务监督委员会、村民议事会和村民代表会议汇报各自的工作情况和资金财务信息，接受监督和评议。

战旗村的村务公开和村民监督，除了上述规范的形式之外，更能获得村民信任的做法是人际互动。村务在决策、执行过程中始终与村民进行公开坦诚的交流，干部主动反复向村民介绍村庄正在做的事情，让他们理解做这些事情的价值，了解事情的进展。所以说，民主的含义就是要大家一起参与。

2. 敢于向村领导班子提出不同意见

当我们问及村党委的提议有没有“走麦城”，即没有得到村民议事会、村民代表会议的通过时，村民告诉我们，外部资本租村集体的土地建设“妈妈农庄”，他们在银行贷款想让战旗村集体担保，村党委对这件事的提议被村民议事会否决了。

还有，2021年修村民委员会前面的广场，一些人提意见说，没有经过充分讨论，没有按规矩先召开村民议事会再由村民代表会议通过。这个项目据我们了解，是因为政府当时有一笔较大的款项可以支持修广场，政府催得急，也指定了施工公司，如果按规矩走程序就会耽误战旗村使用这笔钱。村党委听到了也接受了这个意见，下不为例。可见，战旗村的民主议事、村民监督的确形成了习惯。

我们在对战旗村的多次调研中能经常听到村干部和村民对战旗村现在和未来发展方向的关注和公开讨论。例如，2018 年年初之前，战旗村自主性很强，各方面都按照自己的规划发展，做得很好，但是关注度很低；现在名气起来了，关注度很高，自己再想干点什么事就难了，干得好的项目会被有关部门收走。比如战旗村景区的讲解项目，是战旗村培养的讲解员团队，被与政府合资的公司借故收走，结果因盲目加大成本，从盈利变成亏损，损害了战旗村集体和村民的利益。

再如，战旗村已经被划定为水源保护区，发展加工项目受限，必须另辟蹊径。例如，发展旅游，虽然有大量有组织的集体参观，但是未必能够持续下去，因为战旗村缺少自然景观。以往的旅游红利是靠上级赞赏战旗村，拓展战旗村的影响力发展起来的，疫情防控期间和之后已经看出旅游红利减弱的趋势，今后怎么做，需要认真考虑。

还有，乡村十八坊是村内的一个大项目，乡村工坊产业园在早期发展得很红火，后来走下坡路，特别是村集体投入很大，由于对产业园的管理不甚得法，因而没能达到年度管理费用的收支平衡。

我们也看到，战旗村党委正蓄势待发。他们计划在改造原金星村，打造川西林盘的现代新样板的同时，建设了粮食烘干中心、净菜项目、蔬菜物流配送中心，以及激活四川战旗乡村振兴培训学院，发展研学，在一、二、三产形成产业链上发力。

（三）自治与德治

有人认为，传统村庄的凝聚力主要不是来自地缘关系，而是来自血缘和家族关系，现实的村集体也是如此。社会治理实现善治，以村庄的自治促进法治与德治，让村庄具有凝聚力和可持续性，重在很好地维系和协调传统的家族关系。而我们对战旗村多次调研的情况表明，战旗村的确有“易、杨、罗、高”四大姓的家族，家族也会有组织性活动。大姓的家族不排斥小姓，相互之间和谐相处，家族并不是村内的独特的组织力量。只有修族谱、清明聚会时才有自治性联谊活动。办理婚丧嫁娶事宜，也不是由家族出面而是由村民小组出面的。这些活动都公开举行，还得到村集体的一定支持。这些群众性自发活动与村内各类正式活动相得益彰，成为丰富农民日常生活的一种补充。

1. 以道德文化滋养人心，树文明新风

自2009年战旗村全体村民搬进住宅小区之后，周围环境大变样。村里的主要道路都安设了路灯和交通信号灯，公交车开进了新社区，同步配套的水电气光纤、幼儿园、超市、便民服务中心、卫生站等功能设施一应俱全；处处呈现“村洁、路畅、水净、景美”的新面貌。这些大大缩小了城乡公共服务的差距，农民居住方式与生产、生活方式同步发生转变。过去，村民白天干活儿，晚上回家睡觉，没有文化娱乐活动，串个门就算活动了。新社区建起来以后，乡村民风廊、文化廊、文化院坝相继打造起来了，文工团、老年歌舞队、腰鼓队等自发组建起来，村内和区里联合办的百姓大舞台在乡村十八坊大戏台上巡演，还有“阳光调解室”“红袖套”等群防群治队伍，以及老年协会、养生课堂等组织的活动。

村党委积极开展道德、文化明星评选推举活动，每年都评选出一批“新乡贤”、文明户，还有“好公婆、好儿媳、好邻居”、道德之星、文明之星、文明家庭、身边好人等。以传统文化的柔性滋养人心，成风化人，发挥德治的引领作用。为推进移风易俗，树立文明新风，村民代表会议通过了《战旗·村规民约十条》，健全了乡村道德评议机制，推行了乡风文明“十破十树”等行动，以促进诚信重礼、尚法守制等良好风尚，革除红白喜事大操大办、封建迷信、聚众赌博等陈规陋习，营造与邻为善、以邻为伴、守望相助的良好风气。

2019 年，这部朗朗上口的《战旗・村规民约十条》还荣获了“三个一百”先进典型中的“四川省最佳乡规民约”荣誉称号。

战旗村 4 400 多村民里，四分之一是老人，所以尊老爱老为老服务、倡导传统孝道文化成为德治的重要方面。我们在调研访谈中，经常看到老年人三三两两在村广场上散步、在社区庭院里聚在一起闲谈。战旗村举行论坛，闭幕晚会上总能一睹大妈歌舞演出队的风采。晚辈以侍奉老人为荣，老人们则力所能及地帮助子女和孙辈，家庭和睦，代际相助。此外，战旗村经常性开展公益性活动，表彰诸如拾金不昧、邻里互助、互敬互让、热心捐献捐助等行为，这些都有效地推动了友爱淳朴、守望相助、开放包容的德治建设。

现在战旗村村民的日子越过越安逸。家家户户有房，绝大部分农户有车。车可以停在自家车库里，不用交停车费和物业管理费。战旗人和城里人一样上班拿工资，但是开支比城里人少，再加上享受新鲜蔬菜和天然环境，所以战旗人说“我们的幸福指数比城里人还高些呢”。唯一尚有差别的是在享受教育资源、医疗资源、文化场所等公共设施和公共服务质量方面还比不上城镇居民。为了尽快缩小这些方面的差距，战旗村党委已经做了相应的谋划和工作安排。

2. 村内社会组织操办红白喜事

战旗村专门设立了一个村内社会组织——红白理事会，由村妇联主席郑群英任理事长，村党委书记高德敏是理事会成员。红白理事会对如何办红白事有专门的约定。村民家里办红事或白事，应向村民小组组长报备，村民小组组长向理事会报备。每家办宴席，要保障食品安全，理事会提要求，村民要签承诺书。发生纠纷时，理事会会出面解决。具体办事的是村民小组组长。他负责组织去帮忙的乡亲们。去帮忙的村民称为“乡帮”，村民小组组长就是“乡帮头儿”。按照习俗，村民办一次白事需要 20 多个乡帮，包括记礼单 1 人、收钱 1 人、抬上车 4 人、放炮 1 人、抬棺材 2 批 8 人、倒开水 1 人等。帮村民办事，成为村民小组组长与组内村民建立紧密联系的一种方式。比如，早餐店老板吴尚东是最年轻的小组长，在当选后就承担起乡帮头儿的责任。同时，他也在村集体上班当巡逻员。他的多重身份使得他成为村民和村集体之间的桥梁。作为组长，他代表村民小组的利益，也代表村集体的利益；作为乡帮头儿，他要平衡好邻里关系，组织村民开展互助服务；作为巡逻员，他负责村庄公共安全；作为早餐店老板，他要花时间经营好自己的餐馆；作为党员，他要多发扬志愿服务精神。

很有意思的是，战旗村办红白事不像有些村庄是以同姓同族人参加，族内年长的人主持的，而是村民组的成员参加。由于战旗村村民集中居住后打乱了原来的村民小组，因而办红白事往往是新组员和老组员共同参加。还有，村里的公墓也是按照亡者故去的时间排序分区的，而不是按照姓氏、家族分区的。

这些做法在别的村庄比较少见，可见战旗村的宗族势力要比一般村庄弱。

若有某家办红事或白事，村民们要随份子，这些人情支出的花费很大。过去随一次份子二三百元，现在得四五百元，有时一个月就有好几次。据了解，有的农户一年的人情费就要用去上万元。这可能是中国农村的宗族关系削弱之后，红白事的人情支出上升为维护村民之间社会联系的重要方式。这种情况在农村比较普遍，成为农民家庭的一项很大的负担，战旗村集体设立了红白理事会，对此有所规定和限制，是很有必要的。

3. 清明会的自组织

我们在调研中发现了一个恢复了近 20 年的家族活动。原金星村（现并入战旗村）村民杨德兴从爷爷那里了解到，自己的祖辈中有很多在郫都古镇唐昌以及四川其他县，1949 年前每年都在清明节这几天聚会，就存心要去寻祖寻亲，多年来他花费巨资从四川寻到贵州，最终查明杨氏家族是在明朝万历年间从贵州播州迁到四川崇宁县，也就是现在的郫都区唐昌镇。

自2005清明节开始，杨德兴就恢复老传统，邀集宗亲族人在这一天聚会聚餐。这个清明会就成为杨氏宗亲联谊会。战旗村的杨姓是个大姓，不过分成三支，杨德兴这一支在老战旗村有十来户，老金星村有20多户，都参加了这个清明会。这个清明会自2005年起办到现在，郫都、彭州、都江堰都有人参加，还有千里寻亲的，每年都有好几百人。地点就在杨德兴开的唐昌镇的崇宁大酒店。清明联谊会的活动经费怎么出，杨德兴按照长辈传下的精神，有钱出钱，无钱出力，古代就是这样，清明节前后开席两三天，为远道赶来的亲人准备饭食。现在更应该这样做了。有钱的自动捐，捐多少自愿，没钱的人来就行了。只要来人，杨德兴就出经费，解除其后顾之忧。杨德兴有个不算大的公司，办酒店和其他事业。结果大家纷纷出钱投入清明会。

杨德兴告诉大家，每次活动也就花费3万余元。大家捐的这些钱，他给大家存在自己的公司里，每年由公司承担12%的利息。其中8%按照每个人投入清明会的份额发给大家作为红利，4%用作清明会的公共开支。这样一举三得，清明会有了公共积累，投钱的宗亲有了年利，杨德兴的公司有了周转金。大家都十分乐意。杨德兴还宣布一条，这样做只是为了清明会的公共费用。现在本金太多了，不需要这么多钱，所以后来的人不要再投入了，原来投钱的人如果有需要可以把钱取走。历经近 20 年，现在清明会的本金还有六七十万元，按 4%提取的公共活动经费还有十多万元。清明会就利用公共经费为青年助学、修族谱等等。

类似这样的清明会，不只是杨家有。例如，战旗村村民赵培建讲道，赵家在战旗村只有两户，但并没有因为是小姓而受到歧视。赵家在毗邻战旗村的火花村有近 20 户，火花村里还有赵家巷子的街名。近年来生活好了，族内逐渐有了修族谱、清明会等活动。祖辈是亲兄弟的，红事、白事也都来回走动。

除了清明会，村里还有一种民间自组织团体，叫作转转会。好朋友之间聚会，请吃饭，轮着来，转圈请，属于自发设立的小规模的乡谊会。

实现集中居住之后，战旗村村民的社会生活越来越朝向类似城镇居民的方式演化，各种非生产性的生活需求越来越多，自发组成的各种民间团体也必然越来越多。这类农村区域的民间社团几乎不大可能按照正规社团那样通过登记注册进行管理，因此村庄治理中就要正视这类村民的正当社会活动需求，村民委员会要积极主动地与他们沟通联系，帮助他们解决困难和处理矛盾纠纷。

三、我们的评述

在中国古代广袤的土地上，官员们统治着一个地域乃至国家，他们依靠的主要力量不是国家的行政力，而是道德的力量和基层社会自治的力量，所谓“皇权不下县”，讲的就是主要依靠德治和自治来维系国家。

人们往往说，乡村治理体系中，自治是核心，法治是保障，德治是基础，“三治”必须结合才能实现善治，构筑维护社会和谐稳定的“三脚架”。

而大家认识的善治，说的是一种良好的治理状态。这种状态怎么衡量？大部分人认同的，是体现为良好的秩序和公民的参与，就农村而言，就是村民民主参与而形成的村庄和谐秩序。

只是，这种和谐秩序能不能长期保持下去，能不能经历大风大浪的考验，能不能以较低的治理成本来实现？这些都是不确定的。所以善治不是最终目标，在和谐秩序的基础上追求稳定性和高质量、低成本的善治，才是最终目标。

所以，善治可能因为目标不同、水平不同、类型不同、实现路径不同而出现多种类型。不管哪一种善治，都需要考虑自治、法治和德治这三种治理方式有什么区别、有什么功能、为什么融合、怎么融合。

其实，这三种治理方式的功能各不相同。德治是一种柔性约束，德治为基；法治是一种刚性约束，法治为纲；自治是一种内生约束，自治为要。按一定的规则组合起来就可能生成不同类型的善治模式。而在一定的规则或条件下，三种治理方式中的每一种都可能成为一种单独治理的方式。中国的村庄千差万别，各村的自治条件、德治基础、法治保障情况都不一样，那么三种治理方式的善治组合也会不一样，因地制宜地选择最适宜的治理组合、治理体系和善治类型，可能是推动村庄达到基本善治也就是和谐秩序的要义。

(一) 战旗村的善治类型是法治保障下的以德自治

战旗村的村庄治理中最突出的是发挥村民自治的功能。在村党委的领导下，村民充分运用《村民委员会组织法》赋予的权利，按照大家共同制定的村民自治规则和程序，在充分协商中实现自我管理、自我约束和自我教育。其中起到重要作用的一个组织机制是村民议事会。它不是一个法定的正式组织，而是通过法定的村民代表会议授权成为其下设的常设机构，体现村民自治的原则并很好地发挥村民民主参与的功能，成为村“两委”、村民大会、村民代表大会以及村庄诸多其他主体之间的重要枢纽，在村内的信息沟通、决策预判、问题协商、阻力化解、行为监督、事后评估等方面发挥作用。村民议事会经常召开会议，共同讨论大事小情。参加者，无论是党组织负责人、村“两委”干部还是其他村民代表，都是大家选出来的，地位平等。讨论中他们各抒己见，以理服人，投票表决，达成决议。这套规则和机制激发了农民参与村庄事务的极大热忱。村民议事会工作的开展就是农民个体融入集体的一种过程，它也彰显了一个善治的村庄集体主体性一定是包容而非排斥村民个体主体性的。只有坚持实事求是，走群众路线，才能实现党组织领导下的村民自治。

战旗村这种制度化的村民议事会机制体现了战旗村集体自觉贯彻村民自治原则和发挥民主参与精神的内在底气。

就自治的本意而言，它具有独立性、主体性，也具有灵活性，能够根据需要协商建立规则和程序。它本身就能够进行单独治理，不依赖于其他组织，也不依赖于道德和法律。前提是人们能够自主定规则、自主定程序，而且按照规则、程序进行治理时，人们也能够服从规则和程序。在国家产生以前，甚至在国家产生以后，一些国家和地区的乡村社会都曾经通过自治实现过善治。以自治为核心的善治，定规则、定程序成本不高，而且这种规则和程序在自治共同体内具有一定的强制性，可以抵制一些不按照传统道德行事的人，具有一定的稳定性，所以比较稳定。

战旗村自治的底气从哪里来？来源于德治。村集体以维护全体村民这个大家庭的和谐自治为理念，十分关注老弱病残等困难群体，集体出资安排村内就业公益岗，为村内的老年人发放特别补贴，组织党团员经常慰问老年人，住宅区的公共服务向老年人倾斜，组建老年协会和老年服务队，遇事先向村里有经验的老年人请教，都继承了村庄的尊老传统。村里建立了社工站，倡导助人自助的新道德，号召青年人多参加公益活动。为了苗木腾退的土地早一点成为秧田，村党委书记高德敏带领全村党员下田插秧，出义务工两整天。这些都是德行的表现，促进了村庄内部的社会团结，促进了村民自治规则的实现。

其实，以德自治就是通过内化于心的道德约束来解决很多事情，不需要诉诸自治的调解或者协商，因此既促进了社会团结又降低了自治成本。在法治的保护下，以德自治是达到善治的好办法。如果一个村庄的人们都有较强的道德意识，遵循道德规范，就可以通过加大德治力度，减少法治规范和调整的范围、内容、强度，这样也可达到善治，而且是低成本的善治。在德治、自治无法协调解决的情况下可由法治调整解决，这就提高了善治的稳定性。

（二）清明会具有存在空间说明战旗村治理注重德治

在中国，底层尤其是农村到底该如何治理，一直是大家很关注的问题。

费孝通先生曾经提出，乡村社会主要是“同意的权力”和“长老的权力”在治理。“同意的权力”包括法治和自治，“长老的权力”则主要是以传统为基础的德治，以礼进行治理。不过，以礼进行的治理，如果没有组织支持，就只能是一种意识、一种精神，不能成为一种方式。发挥“礼”的治理功能，需要一定的组织载体。在乡村，这个载体可以是家庭、宗族等血缘组织，也可以是会、社等社会组织，还可以是乡村的自治组织，如村民委员会。道德规范与组织结合，按照一定的程序、规则管理和约束组织中的人与事，在某种意义上就具体地体现出村庄治理中德治的内容。

战旗村的农民企业家杨德兴所成立的杨氏清明会就是一个可以发挥“德”的功能的“治”的组织，这个组织属于宗族血缘组织，其组织方式和运作功能却是很现代化的。组织方式是半开放的，有本地的族人，也有外地找来的杨姓人。在访谈中，他甚至说，只要姓杨的人过来，我们都欢迎，“500 年前是一家嘛”。该组织的资金筹集方式，既有成员的自愿捐赠，又有企业的保值增值支持。利息的使用，既有满足成员愿望的清明会聚的成本支出，又有助学、奖励孝道行为的更宽泛的慈善公益内容。他还邀集几个热心人组成了联谊会召集人小组。

清明会之类的村民自组织的兴起不是偶然的，的确是经济发展到一定程度之后历史道德文化回归的一种表现。杨德兴之所以这样做，是受到“达则兼善天下”的中国传统士人精神的感召。

战旗村有30多户、百人左右的村民参加了杨氏清明会，应该说有一定的规模了。据我们了解，战旗村党委是支持这种自组织活动的。高德敏书记与杨德兴也交流过它的活动情况。这从一个侧面说明基层党组织可以包容这类完全自发的宗亲活动。

宗亲活动会要求成员以遵守道德为基础，倡导成员在缅怀祖先、后辈交好、维系人情、帮助他人等方面树立表率，对于形成良好的乡风文明与道德秩序是很有益的。中国共产党党员绝非不近人情、不要亲朋。党提倡的走群众路线，尊重和关心群众的需求，全心全意为民众服务的优良传统，也是党所推崇的现代道德践行要求。它既能以政治的道义性、社会的道德观、执政的道德感塑造现代伦理，又能传承古今通用的贵和尚中、重家族亲缘和乡谊的伦理要求。

目前，一些地方的政府和村庄在贯彻党中央提出的“三治”的治理实践中，出现了一些干预或者排斥村民自组织的乐善群与慈善会的现象，反对的理由就是限制搞宗族活动。其实，只要引导得法，村内外的新老乡贤组织起来的这些农村社会组织都能够成为推动乡村德治和自治的积极力量。

所以说，基层党组织在以道德进行治理的过程中，应该允许和支持村民参与这类活动。应该引起重视的是，我们必须为中国传统社会所积淀的丰富的社会教化经验找到活化的新途径。特别是要重视体现民俗习惯的婚丧嫁娶、祭祀祖先等礼仪的现代引导，还可以挖掘传统家规家训家书族谱等文化，这些保护乡土文化资源的行动，正是德治的丰富内容。

专栏

国无德不兴，人无德不立。乡村社会与城市社会有一个显著不同，就是人们大多“生于斯、死于斯”，熟人社会特征明显。要加强乡村道德建设，深入挖掘乡村熟人社会蕴含的道德规范，结合时代要求进行创新，强化道德教化作用，引导农民爱党爱国、向上向善、孝老爱亲、重义守信、勤俭持家。

——摘自习近平：《论“三农”工作》，中央文献出版社，2022

事实上传统的中国式治理大体是以血缘相依为纽带的家族控制和集权的集中型管理。中国对血缘上的谱系传承关系的重视，远胜于家庭这个承担生活生产实际功能的单元。所以，中国人的家族可以看作以家庭为单位，并按照家庭的组织原则组成的超家庭组织。

但是这个超家庭组织并不破坏家庭，而是将家庭作为一个整体纳入进来，构成容纳小家庭的大家庭。这个大家庭的维系，不是靠政治力量的强制，也不是靠经济利益的相关性，而是靠对同一祖宗的认同感和亲情关系。在缺少法理约束的中国传统社会中，以家族为基础，依靠血缘关系、宗族关系以及乡谊实现对地域村落的控制是最经济的选择。而战旗村所谓大家庭的治理理念，就与中国的这种传统有相似之处。只是现在的战旗村不再以血缘关系为核心，而是以地域关系为依托，以现代的社区睦邻小组、家庭、企业等多元主体为纽带，形成网络式的德治推动自治的村庄治理组织。

（三）关于自治的中西方区别

“自治”在中国古代典籍里的意思就是自己治理自己。在乡村，治理方式主要是以儒家的礼治和德治为特征的民间伦理秩序传统为生活指南和处理民间纠纷的依据。来自国家的“自上而下”的法治的权力只是在特殊时期和特殊情况下起着压倒一切的作用，譬如在战争、瘟疫等情形下。

国际社会的自治含有公共的、公有的、公社的共同体治理的意思。如果是独立的自治共同体，就可以自定法则、自己行政，共同体中的全体公民都要参与。而法治是共同体之外的，共同体就等于立法和执法的基层政府。若是国家治理下的基层自治，比如在日本，町村是实施自治的一级基层政府，町村行政则根据国家的法律来实施治理，町村议会可以自定规则，自行依规治理。可见，在国外，自治就是行政，行政性自治是治理的核心；法治可以属于自治的一部分，可以由本地议会产生，也可以由国家从外部强制安排。

中西方文化不同，对自治的理解也不同。西方的自治，说到底是地方自治体为独立主体的文化。西方的自治中包含法治，不外是自治体内的法治。所以西方不用特别强调法治，对德治也不太注意。关心的主要是自治与行政和政治的关系。在我国，《村民委员会组织法》立法的最初理想很可能就是希望建立国家治理下基层的独立自治体，但是推行了30多年，并没有达到预期的效果。所以，党中央提出要在基层党组织领导下实现“三治”合一，希望能够借鉴中外一切有益的经验，避免曾经发生的问题。

对于“三治”方向的探索是很有意义的。只是，目前似乎陷于“三治”平行排列的浮夸宣传中。尽管自治被排在了“三治”的首位，但人们却不明白自治从何而来。日本的基层自治来自基层议会、基层立法和执行，我们的村庄自治似乎又不太可能照搬。而德治原本是中国文化的传统优势，却没能在推进自治方面发挥应有作用。在这方面，战旗村的做法和对其来源的追溯很值得我们重视。

只是，每个村不一样，每个村的不同时期也不一样，战旗村能有今天的成就，究其根源，不能不说，人民公社时期勇当先锋的德治传统，改革时期为维护集体资产宁可做逆行者的勇气，以及 20 多年来抓住机遇全力推进集体经济的作为，都起了重大作用。这一切都属于带有柔性的以德治村。战旗村是以德治推动了自立规则的村庄共同体的自治。而这个德治，不仅有中国传统文化的内涵，还得到了中国共产党“一切为了群众、一切依靠群众”优良作风的深刻滋养。

四、同类做法

（一）村务监督制度的缘起——浙江武义后陈村的经验

党的十九届四中全会提出，社会治理是国家治理的重要方面，必须加强和创新社会治理，构建基层社会治理新格局。建立健全村务监督委员会制度是完善基层民主监督、推进治理有效的重要一环。村务监督委员会制度起源于2004年的浙江省武义县后陈村，亦称“后陈经验”。

2004年6月18日，武义县后陈村创造性地设置了全国首家“村务监督委员会”，是独立于村党支部、村民委员会之外的第三方监督机构，监督村务管理制度的实施和村务管理的运作，开启了中国村务民主管理实践探索的序幕。

2005年6月17日，浙江省委书记习近平来到武义后陈村，与村民就村级民主政治建设问题进行座谈。习近平说，“后陈经验”是很有意义的探索，可以为全省提供有益的经验。

2004年至今，习近平同志对“后陈经验”先后做出8次批示。2010年“后陈经验”被写入《村民委员会组织法》，2017年，中央办公厅、国务院办公厅联合印发《建立健全村务监督委员会的指导意见》，2019年被写入《中国共产党农村基层组织工作条例》。

20年来，“后陈经验”从一村一地到全国各地，从“治村之计”上升为“治国之策”，从质朴简易到规范权威，从财务监督到全面监督，从自发自治到民主法治，很好地契合了推进基层治理体系和治理能力现代化的历史趋势和发展规律，成为新时代乡村治理的生动实践和参照样本。

1. “后陈经验”的标志性内容

后陈村创设的村务监督委员会制度的突出特点是“一个机构、两项制度”。

“一个机构”指的是常设的村务监督委员会，任期与村民委员会相同。由此形成的村党支部是领导核心、村民代表会议是村里的决策机构、村民委员会是村务管理执行机构、村务监督委员会是村务监督机构的闭环系统。该组织的设立实现了村务管理权与监督权的分离。

“两项制度”指的是《后陈村村务管理制度》和《后陈村村务监督制度》。前者主要对村集体资产管理、土地征用费管理和分配使用、村民建房审批、计划生育、户口变动、村干部误工补贴、村财务收支等村民关注的村务管理做了明确规定；后者则对村级民主监督做出了新的制度安排，特别是对村务监督委员会的产生和组成、职能和义务等作了明确规定。例如，报销发票需要当事人、村务监督委员会主任、党支部书记和村委会主任签字，才能拿到钱；月底村务监督委员会的3名成员需审核村里的所有财务账单，每张发票经签字后方能入账。同时，村民代表会议制度、村务公示制度、听证制度和村干部述职考核制度等统统纳入村务监督委员会的民主监督之下。

2. 推动村务监督委员会制度的三种动力

第一，农村的治理危机是村务监督委员会制度创新的原动力。后陈村的村务监督委员会制度是被治理危机倒逼出来的。后陈村处于城郊，距县城4千米，是远近闻名的产粮村。2000年后，因工业园区的开发及城乡一体化建设，后陈村1 200亩土地被征用，村集体一下子收入了1 900万元的征地款，村集体财产的激增使村民与村集体的利益关联显著增强，引起了村民对村级事务的高度关切。如何管好村集体的巨额资产，成为后陈村突出的村务大事。之前几任村干部因经济问题落马，新上任的村党支部书记又因收回扣、拿贿赂被免职并开除党籍。部分村干部以权谋私，引发干群矛盾升级和村庄秩序严重失控，形成了严重的治理危机。2003年11月，白洋街道工办副主任胡文法临危受命，兼任后陈村党支部书记。随后，县有关部门又选择了处于治理危机的后陈村作为实施村级民主监督创新的试点单位。2004年1月，后陈村尝试建立了一个村民财务村务监督小组；6月18日，成立了新中国成立以来的第一个村务监督委员会，“信访户”张舍南当选为村务监督委员会主任。

可以说，正是缺乏有效的监督造成了农村治理的危机。反过来，农村治理的危机引发和推动了村民民主监督机制的创新。

第二，村民的自主行为是村务监督委员会制度创新的直接动力。后陈村出现财务管理混乱、干部违法乱纪现象时，群众采取了种种自主行为。在村民代表张某、陈某等人的带领下先后4次集体上访，向县纪委、街道政府部门反映村集体财务管理中存在的问题，约有400多名村民参与了此次行动。2001年，愤怒的村民甚至掀翻了来村调解的街道政府干部的车子。2002年，村党支部书记因经济问题在换届选举中落选。正是这一系列村民自主行为揭开了村庄治理中的问题，表达了农民的意愿，以治理危机和群体事件冲突的形式引发了政府的反省，推动了村级民主监督的制度创新。

第三，政府的主动推动是村务监督委员会制度创新的重要动力。在现行农村治理体制下，政府是最主要的治理制度供给主体。农村基层民主的制度创新，时常依赖于地方政府的有力推动。针对当时武义县出现的治理危机，武义县纪委力主实行村务监督制度的改革，于

2004年2月确定将后陈村作为村务监督改革的试点村并组成工作组进驻。经一个月的调查了解，工作组又与村民一起连续开了4天会，最终达成共识：设立第三方监督组织。

3. 后陈村建立村务监督委员会的效果

第一，村务监督委员会制度成为农村自我化解矛盾、协调干群关系的保证。作为常设性的专门监督机构，村务监督委员会对村务特别是财务管理实行全程监督，可及时发现差错和启动纠错程序，消除影响农村社会和谐发展的隐患。20多年来，后陈村历经了8届村领导班子三四十名村干部的更替，3 000余万元的村庄建设投入以及100多户的农户新居动迁。后陈村连续20多年实现村干部“零违纪”、村务“零上访”、工程“零投诉”、不合规支出“零入账”。

第二，村务监督委员会制度及其带来的村级财务管理有序化，有效地促进了村集体资产的增收节支，为村集体和村民带来了许多看得见的经济利益。通过公开招标，水塘承包款激增；村卫生管理费大幅度下降。村集体年收入逐年增长，村民年人均收入实现翻两番。每年，村集体收入的一半都分给村民。村民每人、每年可拿到2 200元分红。60岁以上老人重阳节有慰问金，每年免费去外地旅游一次。全村人的社保、医保、人身意外保险也都由村里全额代缴，实现了养老和卫生保障村级统筹。

第三，村务监督委员会制度增强了村公共权力组织和村干部的合法性权威。村干部与村民之间在一定程度上重建了信任关系，村级管理组织及其运作得到了更多的民意认同。

第四，养成了依制治村、民主管理的行为习惯。村务监督委员会制度的形成与发展都是建立在村务管理制度化基础之上的。村务监督委员会制度逐渐建构起一个能自主运行、自我化解矛盾的村级民主管理闭合系统。经过多年实践，后陈村的村务管理逐渐转向了依制治村、民主管理的轨道。一方面，以党员、村民代表为主体的村庄非正式精英的公共参与能力有了很大的提高，公共参与的效能感也日益显著；另一方面，村干部也逐渐养成“依法办事”“民主办事”的习惯。后陈村的大小事都从村务监督委员会、村民的眼皮子底下过，“监督不再做做样，买瓶墨水也上墙”。

4. “后陈经验”逐步完善

“后陈经验”不是简单地等同于村务监督委员会制度，它的核心是权力受到约束和监督，基础是村务全面公开，实质是群众有效监督，目标是源头得到治理。要把上述几点串联成线，形成体系，必须依靠高效、科学、明晰的制度并且使之不断完善。

《后陈村村务管理制度》《后陈村村务监督制度》已经经历了4次修改。针对有的村民不看村务财务公开栏、看了也不懂、懂了也无处反馈的问题，后陈村把一张张发票“贴”进了互动电视和手机APP中，后陈村还创办了《后陈月报》，不仅详细刊登上月财务收支情况，还公开村里各种大小事务，甚至对一些问题进行曝光。自2018年以来，后陈村探索推行村务监督委员会向党员大会、村民代表会议“双述职”制度，党员向联系户反馈“三务”工作、向党员大会反馈村民意见建议的“两反馈”机制。现在，后陈村的村务公开形式从传统的单向公示发展为双向交流，从结果公开改进为过程、结果都公开，从单一管钱扩大为钱、事、人都管。

5. **“后陈经验”走四方**

后陈村的探索是村级民主监督的“星火”，它向武义县、金华市乃至全国各地“燎原”，并形成了地方特色。关于如何推广“后陈经验”，有关方面提出的建议是：要统一村干部和村民的思想认识；要委托第三方力量对村务监督委员会进行辅助；村监务监督委员会制度建设要结合村庄实际进行；等等。

“后陈经验”是扎根于基层的实践经验。在新时代背景之下，“后陈经验”不仅要在农村生根发芽，还要在城市社区、两新组织、机关单位等各个领域开花结果，发挥好新时代“后陈经验”的示范和监督作用。

链接资料

1. 卢福营，江玲雅. 村级民主监督制度创新的动力与成效：基于后陈村村务监督委员会制度的调查与分析 [J]. 浙江社会科学，2010 (2)：65－69，64，127.
2. 侯明明，徐贤飞，朱跃军，等. 新中国首个村务监督委员会成立 15 年 后陈村：村务在阳光下运行 [N]. 浙江日报，2019－10－31 (15).
3. 沈丹萍，郑祥臻. 新时代“后陈经验”这样回答“权力之问”[EB/OL]. (2021－11－26) [2024－01－20]. https://zj.zjol.com.cn/news.html? id＝1766541.

(二) 村民理事会、议事会等农村治理组织案例

20 世纪 80—90 年代，村民自治主要以村民委员会为组织形式，村民会议和村民代表会议是最重要的民主参与形式。自进入 21 世纪以来，全国各地还出现了村民理事会、议事会、恳谈会等形式的自治组织。以下是五个典型案例。

1. 广东清远：自然村理事会

2018 年，广东省清远市新任市委书记力推美丽乡村建设，市里印发了《清远市“美丽乡村 2025”行动计划》，大力实施“千村示范、万村整治”工程，以县为主体、行政村为基础、自然村为基本单

元，通过示范带动，全域推进美丽乡村建设。美丽乡村建设实行“先建后补”“以奖代补”的奖补政策。市里建立了产业发展、村庄整洁、乡村治理等一系列验收指标体系，要求建立理事会，鼓励村民参与。乡镇和村庄选择条件比较好的自然村作为示范建设单元，帮助自然村成立理事会。理事会成员由乡村干部初选，然后由村民推选产生。理事长是自然村最有威望的人，理事也是当地能人，理事会成为自然村的治理机构。理事会要与村民代表讨论筹集建设经费、乡村建设方案、村庄整治、产业发展等事宜。在美丽乡村建设过程中，如遇土地征用、拆迁问题，理事会做协调工作，建设到一定程度后，理事会代表自然村向市里申请验收，市里按照指标评审，根据结果分别给予A、B、C类资助。若不能通过验收则无法获得资助，建设成本由自然村承担。清远市的自然村基本上是宗族村庄，具有宗族治理系统。企业家往往会因为熟人关系、血缘关系、宗族关系而更倾向于向自然村捐款。鉴于此，乡村干部引导自然村村民成立理事会。自然村理事会与村民委员会并无明确的等级关系，但合作良好，前者依靠后者向市、县争取项目建设经费，后者需要前者组织村民实施项目建设。

2. 四川成都：村—组—项目议事会

2007年，国家发展改革委批准成都市为“统筹城乡综合配套改革试验区”。2008年汶川地震后，成都市的一些区（市、县）启动灾后重建工作，国家、省、市投入了大量资金，推进农村社区建设。当年，成都市出台了《关于深化城乡统筹进一步提高村级公共服务和社会管理水平的意见（试行）》，明确规定农村社区建设由区（市、县）人民政府和乡镇人民政府统一规划，村民自治组织负责实施，同时要求坚持村民自治原则，由村（居）民会议或村（居）民代表会议或村（居）民议事会自主决定服务的内容和方式，真正体现自主、自愿、自治。

为推进城乡统筹改革和农村社区建设，成都市财政每年为每个村提供20万元专项资金，区（市、县）财政提供20万元配套经费。按照市里的规定，必须由村（居）民大会或村（居）民代表会议或村（居）民议事会来决定建设什么、如何建设、在哪里建设。村庄如果不建立议事会，市财政就不拨付财政建设资金。

以村庄为例，村民议事会由村干部、村民代表、乡贤等构成，成员数在20人至50人之间，这个规模便于协商议事。成都市多数村庄规模太大，外出务工人员不少，村民大会难以召集，召开村民代表会议也难以找到合适的会议场所，因此采取村民议事会的方式，就农村社区建设事宜进行协商、决策并实施监督，很快受到各地欢迎。村民大会或者村民代表会议以授权方式解决村民议事会合法性问题。

市及区（市、县）两级的政策都要求，除了村庄要建立议事会，村民小组也要组建议事会，因为村庄议定的建设事项要村民小组来实施。小组议事会既是决策机构，又是执行机构。如果是跨行政单元的专项建设项目，就成立项目议事会进行决策和执行。这就形成了“村—组—项目”多层次、多类型的议事会体系。市及区（市、县）还对议事会功能和民主程度及实际运行情况进行监督，并根据监督结果给予奖励。可以说，这是在村民委员会之外建立的一套议事、决策、监督的组织体系。

3. 湖北秭归：村落理事会

湖北省秭归县地广人稀，村民难以组织，公共服务难以到位。有的村庄面积多达几十平方千米，而村干部只有 5～7 名，无法做到有效管理和高水平服务。鉴于此，2012 年秭归县委、县政府决定开展“幸福村落创建”工作，印发了《“幸福村落创建”实施方案》，下发了创建工作规程、章程、村落公益事业议决建管办法、考核标准等十几个文件，指导有关创建工作，并在村落兴建道路、饮水工程，整治村落环境等项目上安排财政资金。

为了推进幸福村落创建，秭归县取消了村民小组，按照“地域相近、产业趋同，利益共享、有利发展，群众自愿、便于组织、尊重习惯、规模适度”的原则，在原农村社区的基础上划分若干村落。同时，在村落建立了理事会和“两长八员”（理事长和党小组长，经济员、宣传员、帮扶员、调解员、维权员、管护员、环保员、张罗员）的治理体制。村落理事会是村落的治理组织，成员由户代表选举产生，具有决策、执行和监督功能。村落规模较小，要么召开户主会，要么召开理事会，协商、表决没有太多的正式规则和程序，达成共识即可执行。村落理事会的民主议事、决策功能比村民大会和村民代表会议更加有效灵活，也更得村民信任，因此很多工作依托村落组织实施。村干部普遍表示，村落理事会建立后，更多的村民愿意参与村落治理，村“两委”的工作量减少了，村落事务有人管了，且管得更加有效。

4. 广东蕉岭：村—组理事会

广东省蕉岭县位于粤东的梅州市，属于客家地区，宗族发达，宗族中辈分高和威望高的长辈如今依然可以就相关资源分配、分家及纠纷等问题进行调解。2014 年，分管农村工作的县纪委书记大力推进社会治理创新，在村庄和村民小组中建立了理事会，实施村民自治和协商治理。

蕉岭县社会工作委员会编印了《农村村民理事会设立指引》和《村民理事会章程》，在全县选择部分村庄、村民小组试点实施村、组两级理事会，进行美丽乡村建设。如果该村民小组中只有一个宗族，原有的宗族理事会就转为小组理事会。如果一个村民小组中有几个宗族，就由各宗族推荐理事，组建小组理事会，小组长往往是理事会的成员，小组理事会具有议事、协调、监督、服务的职能。理事会还有一个重要的职能是向宗族成员募捐，款项用于村居环境改造，为本族子弟提供升学奖励、宗族慈善和福利等。

村庄理事会成员由小组推选产生，主要包括村干部、小组理事会的理事长、村民代表等，理事人数在20人至45人之间。村民理事会按照村民自治的程序和规则进行议事、决策、监督。村“两委”或者理事会向村民收集需要理事会研究的公共事务，然后召开理事会。商议的事情分为决策事项和讨论事项，决策事项采取票决方式，讨论事项只酝酿不表决。对于理事会的表决结果，村“两委”必须执行，完成后要向理事会报告。但是蕉岭的村民理事会是县纪委书记强势推动的结果，只在部分村庄试点。该纪委书记不再分管农村工作后，村庄理事会议事和决策功能逐渐弱化，而村民小组理事会一直存在着，即使没有政府财政投入建设经费，小组理事会仍然能够有效运转。

5. 江西于都：社区理事会

2011年，江西省于都县实施新农村建设，出台了《新农村建设理事会章程》。以自然村为单元组建理事会，理事由村民小组长、村民代表、“五老”人员提名，由全体村民无记名差额选举产生。理事主要负责新农村建设的村庄规划、整治和环境治理等工作。但只在试点自然村建立理事会，一旦新农村建设示范项目完成，理事会就不再运行。在脱贫攻坚过程中，贫困村也成立了贫困户脱贫自强理事会，理事由贫困户选举产生，主要职责是宣传政策，耐心做好群众的思想工作。随着脱贫工作的结束，理事会也不再运转。2021 年，于都县颁布了《乡村振兴示范带（点）建设方案（试行）》，县财政投入 2 亿元用于乡村振兴示范点建设，全县建设 33 个示范点。建设方案要求健全村民自治机制，发挥村民理事会、红白理事会等机构的自治功能。示范点建设由乡镇党委书记主导，村“两委”组织实施。但是建设工作面临乱搭乱建物待拆除、占用村民宅基地或承包地、动员示范点居民参与等诸多难题，因此乡镇党委、村“两委”决定在示范点建立社区理事会。理事会由受益的村民小组推荐或者选举产生，各小组均有理事代表。理事会由老党员、老干部、村民小组长、村民小组、妇联主席以及各宗族中最具权威的村民组成。理事会的主要工作，一是宣传，二是动员，三是组织乱搭乱建物拆除或者对于拆除难点做工作，四是管理和维护建设项目和示范点，五是筹集建设经费。理事会的这些工作的开展均在乡镇党委、村

“两委”指导下进行。理事会没有决策功能，也无法监督乡村干部，但是可以监督施工质量，提出建议，可建议是否得到回应、采纳均具有不确定性。

案例比较：共同性与差异性

五个案例的异同：一是领导因素，五个案例的地方领导都推动着理（议）事会的建设和运行，其中有四个地方的领导具有治理意识和民主理念。二是有定向而非普遍性的财政投入，对特定村庄进行公共建设。三是建立了不同层级的理（议）事会，成都市是村—组—项目多级理（议）事会，蕉岭县是村—组两级理（议）事会，清远市、秭归县分别是小组理事会和村落理事会，于都县是社区理事会。四是有规则和程序，各地理（议）事会都有一定的规则和程序。五是宗族比较发达的清远市、蕉岭县、于都县有议事传统。六是理（议）事会除了依靠乡村推动建立外，还依靠村庄、小组和社区精英以及社会网络、社会关系和社会资本。七是从与村民委员会的关系来看，清远市和秭归县的理事会的替代功能色彩较重；成都市村庄议事会的补充功能色彩较重，村民小组和项目议事会的替代功能色彩较重；蕉岭县村庄理事会的补充功能色彩较重、小组理事会的替代功能色彩较重；于都县社区理事会最特殊，既有替代功能，又有补充功能。

链接资料

邓大才．中国非正式治理的兴起：村民理（议）事会的政治起源［J］．高等学校文科学术文摘，2022，39（6）：116－117．

五、邀你共议

1. 村民自治中涉及的四项民主是什么？你们村是怎么做的？从“战旗经验”中可以汲取哪些有益的启示？

2. 为什么自治、法治、德治要以德治为基础，德治的传统含义和现代内涵分别是什么？

3. 你从后陈村等地的乡村自治组织的实例中学到了什么？请联系你所在乡村、社区的实际情况，考虑哪些方面可以做些借鉴。

第四章

集体经济的治理与管理

一、背景导入

人们经常对当前流行的村庄治理概念在认知上有较大偏差，认为治理只是针对村庄中的社会事务，经济内容不在其内。这种村庄治理观把经济和社会分开，把治理和管理对立起来。其实，治理的一个重要来源就是管理，而管理的大部分经验来自经济管理。

管理和治理的区别，简单地说就是管理主体是一元的，治理主体是多元的。无论是国家治理、地方治理还是公司治理、机构治理，都不能仅仅依靠一种力量，需要多主体的协商与合作。还有，管理是垂直往下的，治理是纵横交错多方向的。治理既有从上到下，也有从下到上，还有从中间向上、向下延伸的多条途径。相对于单向度的管理来说，治理的体系化特点显得分外突出。治理工作更为注重不同主体、不同群体之间的合作协调，实现整体上的和谐与效率。

党的十八届三中全会提出的“国家治理体系和治理能力现代化”，是一个制度化、系统化的重大改革目标。2020 年，党中央又提出了宏观经济治理体系的概念，将宏观经济治理纳入了国家治理体系和治理能力现代化全局中加以系统谋划。宏观经济治理体系不仅兼顾经济增长和经济结构优化等基本目标，还包括民生保障和生态治理等重点内容；要求从全局出发、从系统出发，在多重治理目标中寻求经济治理的动态平衡。现在，中国的国家治理内容包括宏观经济治理、社会治理、文化治理、生态治理等方面，是一个全面、系统、完整的体系。

治理体系是分层级的。例如，国家的经济治理，不仅有国家层面的宏观经济治理，还有地域层面和经济主体层面的微观经济治理。在乡村地域层面，微观经济治理主要是指村庄的经济治理、乡镇的经济治理、县域的经济治理。当然，县域和地区性的经济治理也可统称为地方治理，属中观治理。从经济主体的角度划分，治理主要可分为地方公司（企业）治理、农村集体经济组织治理、农民专业合作社治理。再宽泛一点，我们还可以将科技、生态、教育、卫生、传播等领域涉及经济的差额预算和自收自支等类型的事业单位治理也包括在内。

本章要特别阐明的是，村级集体经济组织治理应该成为以地域为范围的村庄经济治理的核心内容，而且不应该与村庄治理其他方面的工作完全独立开来或基本上不相关。

我们先要弄清楚：村庄经济治理和集体经济组织治理表达的意思是什么？它们是一回事还是两回事？有没有关联？对于村庄可持续发展最有利的治理方式是什么？怎么才能实现这种最有利的治理方式？

（一）村庄经济治理和村集体治理有区别吗？

村庄经济治理强调的是以村庄为地域范围的经济事业的协调统一治理，而要实现村庄内部对各类经济事业和经济主体活动协调统一的治理目标，就必须具有能够承担这种权责的村庄主体。

1987 年开始试行、1998 年正式执行的《村民委员会组织法》，明确将这个统一协调的权责赋予村民会议和村民选举产生的村民委员会。无论是农户土地承包、兴办合作社，还是村集体租赁土地，与外部合资、合作项目，分配集体经济收益，都由村民会议这个法定的村级集体讨论决定。

自 2016 年以来，按照中共中央、国务院的部署，全国由点及面开展集体经营性资产产权制度改革。中共中央和国务院下发的文件特别强调，农村集体经济组织是集体资产管理的主体，是特殊的经济组织。文件还要求：确认成员身份，明确集体所有产权关系，发展新型集体经济；管好用好集体资产，促进集体资产保值增值；落实农民的土地承包权、宅基地使用权、集体收益分配权和对集体经济活动的民主管理权利等。这些工作作为“形成有效维护农村集体经济组织成员权利的治理体系”的内容。经授权，农业农村部自 2018 年 11 月起，开始在全国范围内对于经审查做到了成员明、财产清的乡镇、行政村和村民小组三级农村集体经济组织发放组织登记证书。

这意味着，村集体经济组织本身的治理制度将由《农村集体经济组织法》规定。这部法将《村民委员会组织法（2018 年修正）》规定的村级集体资源和集体财产管理和运行的内容都转到《农村集体经济组织法》里了。目前，新的《村民委员会组织法》修正案还没有出台，不过大致方向已经确定，《村民委员会组织法》将继续以村民自治为核心，重点在村务治理。

那么，今后村庄经济治理的核心主体就要从村民大会和村民委员会转到村集体经济组织成员大会和村集体经济组织理事会了。

不过，中国大多数的村庄，特别是地处中西部的村庄，九成以上(但非 100%）的村民在由农业农村部门负责的农村集体经济组织登记注册工作中已经被确认为村集体经济组织。所以从成员角度看，村民的数量会多于集体经济组织成员。村民大会和村集体经济组织成员大会这两个法定村集体，因成员大部分重叠而有着非常密切的关联。特别是村民集体组织与村集体经济组织，在法人治理结构的设计上是一致的，同处一个村庄，工作人员是交叉的，能明确区别的只是工作职能上的不同。

在那些迄今还没有登记集体经济组织的村庄，按照现行规定，其经济事务治理工作还是由村民委员会代行。

总之，从治理的角度看，要实现对村庄各类经济事业和经济主体活动的协调统一，必须有个能担责的主体。从现在开始，村庄的经济治理工作的核心主体机制将会逐步地依法转为由村集体经济组织成员大会行使最高权力，由村民选举产生的理事会受托做执行代理工作。治理的主体从村民大会改为村集体经济组织成员大会了。不过，这两个主体都属于村集体，所以以村集体为治理主体的原则未变。只是，原来村集体的权力机构是村民大会，它的职能是包含经济治理的全面治理，现在进一步细化为由村集体经济组织成员大会独立承担起主导全部经济治理的职能了。那么，今后就是以村集体经济组织成员集体为主体主导和开展村庄经济治理方面的具体工作。

村集体经济组织担负着村庄经济治理的重大职责。这是因为参与村庄经济治理不仅有农村集体经济组织，还有合资与私人企业、农民专业合作社、家庭农场、小农户和小商贩等主体。其他经济主体的经营业务按照规定由相应的市场管理和业务部门管理，不过整个村庄内部的资源配置和利用、产业发展与联动、社区公共管理，以及外来社会资本入村产生的经济、社会事务的协调，避免社区内部发生恶性竞争等事务，按照《农村集体经济组织法》的规定，都需要村集体经济组织这个核心主体进行安排与协调。村集体经济组织既不可对这些非集体经济主体的自身业务过度管理或干预，又不能对他们的经济行为导致的结果完全放任自流，或不对他们进行协调。

这方面，战旗村集体就做到了秉持中道。例如，为了保护战旗村水源地的生态环境，村党组织有计划地将有污染但是很赚钱的企业全部关停并转，对于主营农产品加工的几家集体资产的调味品厂，招标后交由村民个人租赁经营。这几家厂的负责人遵循集体企业的管理原则，职工工资与社会保障待遇都较私产私营企业更好。为了让本村村民能就近上班，稳定就业，村集体经济组织还直接介入在地企业更替时无缝衔接的协商、协调事务。比如，村内两个稳就业的大型企业遇到了接盘的问题，榕珍菌业由中延榕珍菌业有限公司接盘，“妈妈农庄”由台丽农庄接盘。它们都是由村党组织领导村集体经济组织做出平稳过渡的典型案例，在工厂中就业的村民没有受到损失。战旗村以个体农民为主体的民宿旅游服务业和十八坊乡村产业集聚园区，都是在村集体经济组织的产业部署和管理引导下形成有序经营的。

村集体经济组织在村庄经济治理中应该具有规划、组织、部署村庄产业发展格局的公共职能，村庄经济的公共性、整体性能给村民带来的就业和收入的稳定性，以及达到缩小差距、共同富裕的效果，比组织本身获得盈利重要得多。这与一般私产私营的市场主体只需以自身经济效益为本，若能兼顾一点社会责任就算超范围并给予特别鼓励有着本质上的不同。

在这一点上，我们如通观《农村集体经济组织法》的内容，就可以认定该法在实质上已经赋予了农村集体经济组织参与农村社区的公共性管理的角色。当然，对发展尚处于萌芽或起步阶段的农村集体经济组织，并不能要求它们承担太多的责任，它们一般也还没有足够的经济实力。

战旗村集体经济组织用多年积累的发展经验告诉我们，不应该简单地把农村集体经济看作一般的竞争性市场经济，也不能把农村集体经济组织看作与私产私营企业一样的一般市场主体。农村集体经济组织要学会从整个村庄经济治理和全面社会治理的需求与供给的大方向上看自身参与乡村经济治理的核心作用。农村集体经济组织有关人员不仅需要学习管理技术，还需要懂得治理之道。村集体经济组织管理好集体经济就是为了更好地带动全村的经济治理。以这样的视角去考察和学习战旗村集体经济组织管理的经验就不会变味，就不只是在学企业管理。

有人提出，这些只是法律制度规定，实际上很多村庄的村民大会和集体经济成员大会开不起来，就是村党组织书记一人说了算，村里连一般管理都做不到、做不好，更不要说协调治理。另外，不少经济活跃的村庄，开产业园、文旅基地，办民宿等，都是外来企业到村投资，村民当雇工。这种“龙头企业＋农户＋基地”的方式，不也是村庄的经济吗？个别村的村民委员会或集体经济组织负责人常常得了龙头企业的好处，结果肥了自己，损害了大多数农民的利益。有些人还成为外来资本在村里的代理人。那么这类村庄经济治理算什么方式?

我们要说的是，这类村庄就是党和国家要通过立法逐步进行整治的村庄。近年来，为什么国家大力推动农村集体经济组织立法，将全国所有农村集体经济组织通过清产核资后正式登记注册，就是因为一些地方存在着集体经营性资产归属不明、经营收益不清、分配不公开、成员的集体收益分配权缺乏保障等突出问题。这些问题盘根错节、沉疴已久，是农村发展整体上长期落后的重要根源。要解决这些问题，首先需要顶层设计，要用农村集体经济组织立法来推动党员干部守正创新，推动村民依法自治和监督。支持鼓励任何村庄任何愿意为老百姓谋利益的党员、干部和普通村民，学习相关知识，拿起法律武器，主动积极地维护集体的和个人的权益，这才能真正扫除历史沉疴，推动村庄改变面貌，实现振兴。

(二) 大多数村庄的经济治理陷入困境

既然村庄经济治理是以村集体经济组织成员集体为主体进行主导引领的，就要处理好成员集体这个整体和成员个体以及村庄内部的其他经济主体的关系。村庄里有各类经济成分，个体性的有小农户、经营大户、家庭农场、作坊主、个体工商户。他们当中，有的是成员集体中的个体，有的并不是。村庄内的各类农民专业合作社、联合社、农业企业、工商企业等，都是组织化的市场主体。

如果将村集体经济组织看作与村庄内的这些分散的个体和组织化的其他市场主体基本无关的特殊主体，只负责村集体资产的保值，不做集体资产的管理和经营，不和其他经济主体发生经济联系，那么这个村庄的集体经济就与村庄的经济形态发生了分离。村庄经济当然不能只有集体经济组织和集体经济，它是由各种个体和组织化的群体等多个市场主体的各种经营活动共同构成的，是多业态多主体的经济。只有当村集体经济组织统领的集体经济成为连带村庄个体经济、合作社经济、企业经济等多类经营主体、多业态经济的包容性体系时，村庄经济治理才算是以集体经济组织为主体的治理。因此，村庄的经济治理工作只能也必须由集体经济组织为主体来负责主导，无论是从现实的国情角度还是从乡村振兴的共同富裕目标实现来考虑，我国的乡村治理都不可能采取那种由多种不同的主体之间完全自发地通过协商博弈达成共识的西方式多中心治理模式。

我们用这个标准可以将两类不同村庄的经济系统分清楚。一类是村集体经济能够包容村内多主体多形态的整体性的村庄经济体系，另一类是村庄的集体经济组织与村庄各类经营主体基本上不发生联系，集体经济和集体经济组织陷于孤立。第一类村庄的经济治理可以实行国家要求的以集体经济组织成员集体为主体的治理方式。第二类村庄的集体经济很可能是个空壳，与村庄的多业态经济分离，这样的村庄经济是多主体自我发挥的经济，其中有些村庄的外来资本和经营大户恃强凌弱，村“两委”势单力薄，缺乏能力和经济实力以扶起正气，做好协调，所以难以进行真正的村庄治理。第二类村庄还可以再分为两种：一种是私有经济主体活跃，但是村庄内部的贫富差距越来越大，公共事务服务除了政府按规定出资外，只能依赖私营经济的资助；另一种是村内的私营经济也很差，导致村庄凋敝，人口减少，前途渺茫。

遗憾的是，现实的乡村中第一类村庄很少，第二类村庄也很少，大量村庄处于两类之间。据有关部门统计，截至 2021 年年底，在全国 96 万个在农业农村部门登记注册的农村集体经济组织中，年收益在 5 万元及以上的占 54%，不足 5 万元的占 26%，没有经营性收益的占 20%。

总之，多数村庄的集体经济还很落后，集体资产主要依赖政府给予的资助，集体经济组织只做接收资助和发出资助项目资金的账户划拨，不做集体财产的管理和经营，也不敢实际操作，唯恐因没做好而给自己带来困难和麻烦。所以，它们与村内专事经营的市场主体基本上没有联系。我们目前只看到山东烟台地区，早于党中央、国务院发布农村集体产权制度改革文件之前，就由当地市委组织部发起“党支部领办合作社”的行动。据统计，到 2019 年年底全地区有三分之二的村庄由村党支部书记代表村集体，将村集体的部分资金作为股份，与农户合股，创建村集体与农户共建的农民股份专业合作社，推动了村庄的经济发展。

《农民专业合作社法》规定，入社的成员只能是个人，因而村党支部书记领办农民专业合作社时，只能以个人名义登记入社。为了证明他是代表集体而不是个人，当时烟台市委组织部还出台了文件，明令如果村党支部书记换人，这个实质上代表村集体入股农民专业合作社的法人代表就要更换。可见，在探索集体经济组织为主体发展壮大农业农村经济的进程中，有很多我们看不见、看不清的困难和限制因素。

目前，大部分村庄的经济发展状况实际上主要看各类私营企业的经营是否活跃，与村集体经济基本上无关。要彻底扭转这种局面，让村庄经济和经济治理走上可持续发展的轨道，让村民实现共富共享，和谐共生，从根本上说，只有走发展壮大集体经济，建设包容型的集体经济体系这条路。这就是我们一直坚持倡导走战旗村集体经济发展道路的原因。

（三）三副担子一肩挑是强化乡村治理的重大措施

2019年，党中央发布的多个文件都明确提出，为强化农村基层党组织领导作用，全面推行村党组织书记通过法定程序担任村委会主任和村级集体经济组织、合作经济组织负责人，村级领导班子成员之间可以交叉任职。

这就要求村党组织书记将党的工作与村民委员会工作、村集体经济组织工作三副担子一肩挑，促使村集体领导班子实际上成为分工不分家的一体化主体，也让村庄治理成为明确涵盖党建、村务和集体经济事务的全面治理。就制度设计而言，再没有独立于村党组织事务、村务、集体经济事务之外的村庄经济治理。

专栏

村级党组织书记同时任村委会主任、集体经济组织负责人的依据，参见以下摘自重要文献的明确表述：

村党组织书记应当通过法定程序担任村民委员会主任和村级集体经济组织、合作经济组织负责人，推行村“两委”班子成员应当交叉任职。

——摘自《中国共产党农村工作条例》第十九条，2019

> 强化农村基层党组织领导作用。……健全以党组织为领导的村级组织体系。全面推行村党组织书记通过法定程序担任村委会主任，推行村“两委”班子成员交叉任职，提高村委会成员和村民代表中党员的比例。加强党支部对村级集体经济组织的领导。全面落实“四议两公开”，健全村级重要事项、重大问题由村党组织研究讨论机制。
>
> ——摘自《中共中央 国务院关于坚持农业农村优先发展做好“三农”工作的若干意见》第七条，2019

为什么要由村党组织书记兼任村民委员会和村集体经济组织的一把手？这要从中国共产党的独特性说起。

中国共产党是政治组织，与村集体这类社会经济组织性质不同，不可并列。虽然从组织性质上看，村党组织是政治组织，独立于村民集体和村集体经济组织这类社会经济主体之外，但是它所具有的全息型的组织行动本质又决定了它完全可能运作于任何非政治组织之中。

我们在第二章的背景导入中提到过，全息型是中国社科院法学所学者刘海波阐释中国共产党独特性时所提出的重要观点。全息性质指的是一个有机组织系统的子系统局部组织单元具有完整再现这个有机整体系统全方位的信息的功能，并且按照整体系统的目标协调局部组织单元的行为。也就是说，局部组织单元既能了解整体系统的全局意图并且让自己的行动与整体目标协调，又能够利用自身了解更多的局部信息和更为灵敏的局部行动能力的优势，同时达到自身局部最优化。刘海波借用全息型系统的特点来说明党的基层组织具有和党的最高层同类型的思考方式，胸怀大局，人民至上，特别是党的基层组织处在一线，在了解实际问题上最有优势。所以说，无论是战争年代还是和平时期，中国共产党能取得胜利，很重要的原因在于基层党组织与高层组织包括战争指挥机构之间全息型的自动的主动呼应。基层党组织既能全面接纳党中央关于一切为了人民的信息，又能实事求是地将自己了解和掌握的现场信息融会贯通。因此，他们最能找到解决实际问题的直接的方法。他们选择的行动方案，往往以高度灵活的方式实现了与党中央要求的本质高度统一的完美结合。在刘海波看来，优秀的基层党组织具有一种不同于行政命令式秩序和自生自发的市场秩序的新的行动秩序，刘海波称它为“全息型组织行动秩序”。这种秩序让基层党组织有能力在各类经济组织、社会组织中发挥领导作用，积极主动地在各类事业中争取全局最优的结果。党建工作越成功，中国共产党就越接近具有全息型组织的性质。

这种全息型的特征，即共产党高层组织与基层组织之间理想信念和组织行动上的有机呼应，有点类似人体中枢神经与遍布全身的神经系统的关系。神经末梢无处不在，牵一发而动全身。所以，这种特征能让共产党的先进性广泛地融入基层，能够使乡村基层社区的发展与国家的现代化发展紧密结合，实现城乡均衡发展、城乡融合发展。没有这样一种带有整体性保持先进性的组织机制，我们就无法顺利实现乡村振兴的战略目标。

当下以及今后几十年，乡村振兴是全党全国全社会都要全力参与的中国最大的公益事业，事关中国能不能在完全不确定的世界未来风云中保持独立自主和可持续发展。这可能需要几代人的持续努力，中国共产党及其乡、村的基层党组织，必须肩负起乡村全面治理的领导责任。

（四）村级集体的法人治理结构

在第一章中我们提出，治理并不是一种正式制度，而是一种解决问题的互动机制。它是用整体观的思想、协调与合作的方式，顺应客观规律，正向疏导问题解决的过程，而不是以强制的支配性的手段让其他主体服从，问题的解决不是依靠某个主体、某个人说了算。村庄治理，从具体方法上说，就是要用这种非支配性的各方协调的思想和方式解决村庄的各类问题；从政策方向上说，是在村党组织领导下以集体经济治理为核心，对村庄秩序实现全面治理。我们讲过，村庄治理的主体是代表村民的村集体。依据《村民委员会组织法》和《农村集体经济组织法》，每个村庄都有村民会议和村集体经济组织成员大会这两个法定的集体主体。它们之间是什么关系，怎样组织，怎么治理村庄的各类事务，都是村庄治理的题中应有之义。

我们把这些与村庄治理直接相关的事项都归入法人治理结构来做解释。2022 年，全国人民代表大会通过的《中华人民共和国民法典》规定，村民集体和村集体经济组织成员集体都属于特别法人。搞清楚两者的法人治理结构，就能大致理解以上问题。

这两个村级集体都具有三层四方的法人治理结构。

第一层是权力机构。村民会议是行使《村民委员会组织法》规定的村民集体权力的机构，村级集体经济组织成员大会是行使《农村集体经济组织法》规定的成员集体的权力机构，围绕集体财产所有权、管理权、经营权行使自己的职能。

第二层是受托代理机构或称执行机构。由村民会议和村级集体经济组织成员大会分别选举产生的村民委员会和村集体经济组织理事会行使执行职权。它们要执行大会权力机构的决议，要向大会报告工作，要维护村集体的所有权益。

在这一层，除了村民委员会和村级集体经济组织理事会作为执行机构外，还有与其平行的监督机构。依《村民委员会组织法》设立的村务监督委员会，依《农村集体经济组织法》设立的集体经济组织监督委员会或监事，都依法分别由村民会议、村集体经济组织成员大会选举或推举产生，分别行使对村民委员会和村集体经济组织理事会的监督职能；有权对执行机构的工作进行检查、评议，有错则责请改正，做不到，可以向权力机构报告提请依法撤换现有人员。

第三层是管理机构。《村民委员会组织法》和《农村集体经济组织法》都规定，村民委员会或村级集体经济组织理事会可根据需要设置各类具体操作执行的管理机构，社会的、经济的、文化的、治安保卫的等等。这些管理机构的职能，是通过对村务运作的管理或集体经济组织财产保值增值的运行管理等，保障成员集体的社会权益和经济权益。《农村集体经济组织组织法》第三十一条规定，集体经济组织理事会"要依照法律法规和集体经济组织章程管理集体财产和财务，保障集体财产安全"。

综上所述，权力层、执行层和管理层，权力机构、执行机构和监督机构、管理机构，共同构成了三层四方的村集体法人的组织治理结构。

二、战旗实践

（一）战旗村集体经济治理结构图和法人治理结构的特点

通过战旗村集体经济体系结构图（见图 4－1），我们可以从总体上了解战旗村集体经济治理的全貌。

这张图是战旗村集体经济组织法人治理结构的示意图。它与第一章中的战旗村全面治理图都展示了战旗村的法人治理结构。这里，我们结合第一章的全面治理图，对于战旗村的这两个法定集体——村集体和村集体经济组织成员集体——是怎么治理的做一个说明。

1. 战旗村集体的法人治理结构

上一节，我们依据《村民委员会组织法》和《农村集体经济组织法》，说明村级两个法定集体的法人治理结构应由三层四方构成，下面我们来看看战旗村是怎么做的。

第一层是权力机构。在图 4－1 中，村党组织领导下的村民大会/村集体经济组织成员大会是战旗村两个法定集体的权力机构。

第二层是委托代理机构也称执行机构。战旗村村民集体的执行机构和其他村一样是由村民民主选举产生的村民委员会，村集体经济组织的执行机构是由集体成员民主选举产生的村集体经济组织理事会。

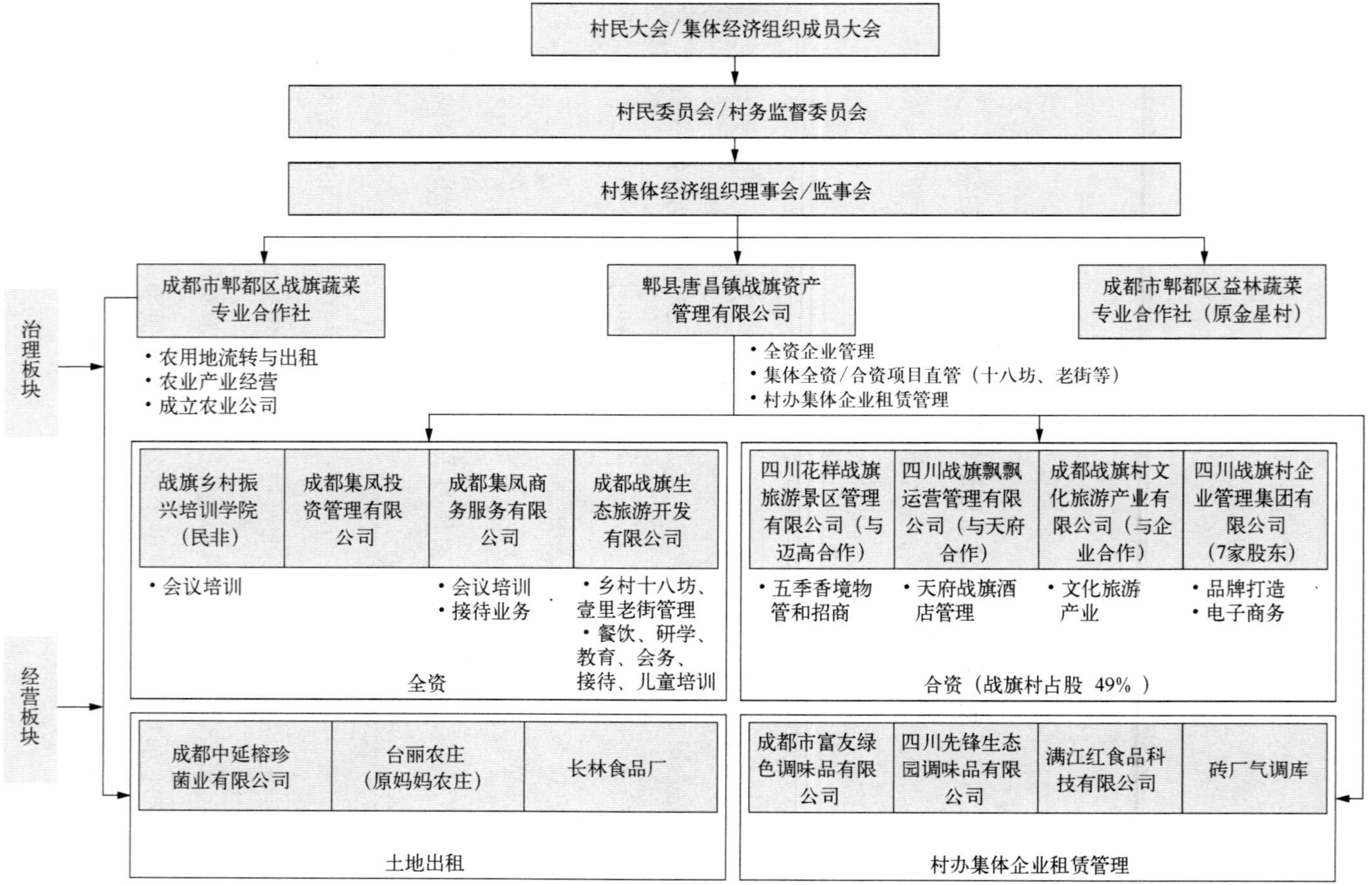

图 4-1　战旗村党组织领导的集体经济治理结构图

这两个执行机构都依法执行其权责。同时，村民委员会和村集体经济成员大会理事会都依法设立了独立的监督机构，分别是村务监督委员会和村集体经济组织监事会。因此，在第二个治理层级中，有执行机构和监督机构两方不同主体。

第三层是操作机构也称管理机构。战旗村村民委员会下设四大职能办公室，分别是党群办、综治办、振兴办和财务办（见本书第一章），作为管理机构。其中，前两个分别管理党务和村务，后两个主要管理集体经济事务，财务办也兼管村务方面的财务工作。同样，村集体经济组织的管理机构是战旗村集体经济组织理事会——战旗蔬菜专业合作社（实质为集体土地管理合作社）和战旗集体资产管理公司。这两个管理机构是战旗村根据当时村庄产业经济发展的需要，分别在 2009 年和 2015 年设立的，一个全面管理全村的农用地，一个统管利用集体的非农地生产运作的所有经营性资产。它们的设立远早于国家规定的农村集体经济组织登记注册的时间。2019 年，当战旗村按照国家规定，在郫都区农业农村局登记注册战旗村集体经济组织时，就将这两个完全由集体出资、集体管理的工商登记的组织，明确纳入村集体经济组织理事会麾下，作为村集体经济组织对农用地和非农地的管理机构。

可见，在战旗村，无论是村民集体还是村集体经济组织，集体法人治理结构都是依法设立的三层四方结构。

三层是集体组织的权力层、集体组织的执行层和集体组织的管理层，四方是四类主体。第一类是行使特别法人权力的主体，即村民大会和村集体经济成员大会；第二类是行使特别法人委托的执行权责主体，即村民委员会和村集体成员代表大会理事会；第三类是行使特别法人委托的监督权责主体，即村务监督委员会和村集体经济组织监督委员会；第四类是行使村民委员会和村集体经济组织成员大会分别确定的村务和集体经济事务管理权责主体，战旗村的村务管理机构是四大职能办，集体经济事务的管理机构是集体土地合作社和集体资产管理公司。

在权力层和执行层、权力主体和执行主体之间，战旗村设置了一个特别的村民议事会机制，起着中间枢纽的作用。村民议事会是民选的村民自治组织，由村民代表会委托授权。凡提交村民代表会表决的提案，都须事先经村民议事会反复讨论，扫清一切障碍，以保障村民代表大会以不低于85%的高票率通过，此外，凡涉及村民利益的村内重点事项，都须经村民议事会对信息和行动进行沟通调查、意见反馈、协调协商，以得到来自群众的第一手材料，再交由执行主体、管理主体和监督主体处理。村民议事会是战旗村党组织和村民委员会密切联系群众、依靠群众的重要组织，也是以非法定的村民自治组织实现法定组织的自治功能，彰显农民主体性，实现村庄全面治理的重要机制。

2. 战旗村法人治理结构的创新点

战旗村集体的法人治理结构与一般村庄有明显不同，主要是将管理与经营的组织和功能相对分离，其次是将村务和集体经济事务有机融合。

(1) 增加了运作层（经营层）

无论是村务还是集体经济事务，战旗村在管理层之下都延伸出了一个运作层，实现了多元主体的常态化运作。第一章已经交代了，战旗村全面治理图的最底层，即相当于人体腿脚部位的一层，是实操运作层。其主体不仅有村党小组、村民小组、群团、社工站、微网实格等正式组织，还有红白理事会、社区业主委员会、文娱队、志愿者小队等非正式组织。之所以将它们视为法人治理结构的底层，是因为在战旗村，无论是正式组织还是非正式组织，都一直承担着相对明确的常态化村务工作。这些工作有布置、有检查、有考核、有激励。参加者不是被强迫的，而是真心实意为了村庄的良好秩序愿意做甚至主动做的。这些组织的确构成了战旗村管理机构的腿和脚。

战旗村集体经济组织治理结构图显示，在集体土地合作社和集体资产管理公司之下，有非常多（非完全呈现）的经营实体。集体土地管理合作社涉及的管理和治理工作对象除了台丽农庄、中延榕珍菌业有限公司和长林食品厂这些经营实体外，还有租赁集体土地的种植大户和农业公司等，在图 4-1 中未能显示。管理非农地的资产管理公司主要管理三大块业务，一是集体全资的公司，二是集体企业的租赁工作，三是集体出资入股的合资公司。这三大块中的每一块又有大量的独立经济主体，从事着各式各样的经济业态。这些经营主体是在市场上实际运作的一般主体，他们接受着村集体资产管理公司分门别类的管理。所以，在集体经济组织法人治理结构的底层，即管理层和管理职能之下，还有经营运作层和经营职能。它体现了市场中多个经营主体的多业态经营活动，也是战旗村集体经济多种实现形式的体现。

（2）两个村级集体组织有机融合

战旗村的村民集体和村集体经济组织并非分立的，而是有机融合的。虽然治理中的权力结构即村民大会和村集体经济组织成员大会必须依法分开，不过由于战旗村集体经济组织的成员都是村民，只有很少数的新村民不是村集体经济组织成员。为了工作方便，在开会讨论重大事项时，战旗村采用两个大会套裁的方式，讨论村务事项时由村民大会表决，讨论集体经济事项时由村集体经济组织成员大会表决。这就是图 4-1 中，我们将战旗村村民大会和集体经济组织成员大会并列，中间用斜杠分开的理由。

战旗村法人治理结构中，两个法定集体组织的执行机构职能也有一定程度的交叉。四大职能办中的两办（振兴办和财务办）所从事的主要业务是集体经济，振兴办主任李光菊是村党委副书记、村纪委书记、村务监督委员会主任，主管村集体经济的所有事务；财务办主任杨凤是村民委员会成员，同时也是村集体资产管理公司的主要负责人。这些骨干的交叉任职，与兼任村委会主任和村集体经济组织理事长的村党委书记高德敏相互配合，就很好地实现了战旗村村民委员会与村集体经济组织之间的相互协调。

一个村的工作要做得好，并不是靠多设职位多用人。战旗村采取务实的态度，不仅交叉任职以促进村民委员会和村集体经济组织理事会的融合，还从人事的角度明确了两类组织的序列关系。图 4－1 中，村集体经济组织理事会的位置摆在村民委员会的下位而不是并列就是这种战旗式融合的表现。战旗村的领导班子认为，这样做的理由如下：第一，方便工作；第二，有法律依据。《村民委员会组织法》要求凡与村民利益相关的经济事项，如“村集体经济项目的立项、承包方案”，“以借贷、租赁或者其他方式处分村集体财产”，“从村集体经济所得收益的使用”等，都需要“经村民会议讨论决定方可办理”。在《农村集体经济组织法》没有颁布实施前，村集体经济组织在村民委员会管辖之下也是有法可依的。第三，战旗村有史以来就是这样做的。1965 年，战旗大队从金星大队分出来，后来设立了战旗村村民委员会，村党支部书记和村委会主任一直是统管村集体土地资源和集体企业的紧密搭档。2002 年，他们一起发动了村集体经济自主改革行动。这样的工作协调方式一直持续至今。目前战旗村这套完整统一的村级集体全面治理体系就是在村“两委”多年的努力协调配合之下形成的。

总而言之，战旗村集体经济法人治理体系的整套做法符合《农村集体经济组织法》的基本精神，不能将集体资源和集体财产按股份一一分割给每个成员，要保障集体资源和集体财产在物质上的完整统一，以实现全体集体成员对这些资源资产的整体所有权。还有，村集体经济组织成员大会要选出能维护他们利益的人组成执行班子和管理队伍，代表集体成员的意志管理和经营集体资源和财产，集体资产的收益要依据章程规定，按收益权的份额公平地分给每个成员。

只是，由于战旗村从实践中自创的治理结构要比《农村集体经济组织法》的出台早很多年，与这部国家法律的条款还有某些不那么一致的地方。例如，《农村集体经济组织法》规定农村集体经济组织是特别法人，集体所有财产不能分割和市场出售，所以集体经济组织的本体不能是市场上的农民专业合作社或者公司。而战旗村治理结构中的管理机构，即集体土地合作社和集体资产管理公司已经在工商注册，属于市场上的一般法人，不属于特别法人范畴。

如果将战旗村的这两个实质上在为村集体保驾护航的管理机构作为理事会的内设机构，在现实状况下，若缺乏法律的支持，去掉工商注册的身份后就无法代表农村集体经济组织理事会去和村内外经济主体商谈经济合同，处理各种繁杂的经济事务。可见，农村集体经济组织这个特别法人要与市场一般法人无缝对接经营管理事务，的确需要一类专事维护农村集体财产的管理组织或机构，去履行对农村集体经济组织这个特别法人的管理职能，可能也需要一些相应的法律实施细则与之配套。

这类管理组织或机构接受集体经济组织理事会的正式委托，做好集体资产运营管理和保值增值的财务核算和管理，是需要由法律做出明确规定的。东亚农协、农会的立法就是这样做的。日本、韩国等国家不但以单一法规定了农协、农会组织的特殊经济地位，而且法条中还明确规定了农协、农会内部的组织结构，让农协、农会的统一管理和经营有法可依。它们的经验提醒我们，要将农村集体经济组织理事会做成实在而非架空的执行机构，通过立法明确组织内部的架构和功能设置是非常必要的。

目前，《农村集体经济组织法》将集体经济组织的机构设置视为组织章程规定的内部事务，并未做出统一规定。是否需要做出规定，可能要等待农村新型集体经济实践发展到一定程度，问题和解决方式均有相当积累后才可有结论。国家注重集体经济组织建设和集体经济发展只是近几年的事，迄今集体经济并没有成为农村经济发展的主流。中国集体经济发展确实还需要经历长期的考验。从目前看，类似战旗村这样在集体经济治理中自主研发出独到、有效做法的村庄还非常少见，它属于最先吃螃蟹的一类先行者。战旗村在这些方面的实践创新势必会受到来自各方面不同认知的关注和挑战。

不过，从战旗村独创集体经济组织治理中的管理实践可以看出，战旗人的确深刻理解了集体经济的精髓。他们走的每一步棋，几乎都有着很强的政策前瞻性和组织提前量。在十多年前，他们就能以当时实际可行的注册方式，将集体所有的农用地资源和非农地上的经营性资产统统以集体组织的方式管理起来，不仅有远见卓识，而且有着将远见卓识与现实可行的方式结合起来的方法策略。

(3) 集体经济组织的管理和经营功能相对分开

《集体经济组织法》在集体经济财产方面的职能用语都是经营管理职能，没有将管理与经营相对分开，现实中几乎所有集体经济组织也确实是这样做的。农村集体经济组织要不要将管理和经营的功能分开，分开有什么作用？得失如何？还有待讨论和实践检验。

战旗村之所以特别注重村集体经济组织的管理机构建设，而且在《集体经济组织法》出台前很多年，就将集体土地合作社和集体资产管理公司作为管理机构，不负责具体经营，只负责保护集体财产和执行理事会有关运营的决策，而且作为村庄治理的一种制度设计长期坚持，进而形成了今天战旗村的治理板块和经营板块，主要目的就是维护集体财产安全，规避集体经济组织在市场经营中难以避免的经营风险。

目前，不少省份，如浙江、山东、广东、内蒙古等，都在推动探索农村集体经济组织直接办股份公司的方式。特别是在乡镇一级，由乡镇政府和村集体经济组织合股合资设立强（乡）镇富村公司做各类市场经营，而且得到主流媒体的追捧，被视为新型集体经济实现形式的新探索。其中，不少公司的资本主要依赖于政府背书或抵押的国有银行贷款融投资。在经营中，一些公司打着乡村振兴旗号，主要做政府内部行政资源的市场交易。这类公司一旦出现坏账，就无法按照市场方式解决，只能不了了之。在这股风的推动下，一些地方、一些机构以振兴集体经济之名，做了不少损害集体经济利益和名誉的事情。

对这类可能出现的风险，战旗村领导班子一直保持清醒的头脑。他们发展壮大集体经济，做大做强集体资产完全依靠村庄的自有资源和村集体成员的共同决策。他们设立管理农用地和非农地的两个集体经济管理机构时，特别派出村民委员会会计杨凤、方磊分别担任这两个管理机构的负责人，就是为了在市场风险和集体财产保护之间筑起一堵墙——一堵阻挡集体经济发生经营风险的防火墙。这两个管理机构，通过组织分开和功能分立，构筑了对集体财产的一种保护机制。

组织分开，指的是负责集体经济管理的组织与负责经营的实体组织分开。在村庄治理结构体系中，管理组织和经营组织属于不同的功能板块。管理机构属于村庄治理结构板块，经营组织属于经营板块。管理机构处在三层四方的集体经济组织法人治理结构的最底层，还属于集体经济组织这个特别法人的本体。而管理层下面的经营层，是由多种类的市场一般经营主体构成的，在战旗村的组织结构图里属于经营板块。

功能分立，是指集体经济组织的管理功能和经营功能的分立。管理主体的功能是通过对集体资产的制度管理特别是财务管理，来维护集体财产安全，推动集体资产保值增值。经营主体的功能是遵循市场经营的一般规律，做好资源资产的投入产出规划和市场运作，尽可能多地实现盈利。集体经济组织既是管理主体又是经营主体。作为管理主体，它是特别法人；作为经营主体，它是市场一般法人。所以集体经济组织具有两面性，片面强调任何一面都会出问题。

战旗村除了将管理板块与经营板块分开之外，还通过独特的制度设计将隶属于理事会的管理机构的管理功能向独立的经营主体延伸，重点是直接掌控集体经济组织全资公司的财务账目，对合资企业的财务管理也做出明确规定。正如高德敏书记所言，管理和经营职能可以分立，但它们之间要有衔接，不能完全各自独立。

专栏

集体经济的管理权一定要牢牢把握在村“两委”手里，因此财务人员一定要由村里把控，经营自主，要不然没法保障集体的资产资金不流失的问题。管理与经营可以分立，不能让其各自独立。

——战旗村党委书记高德敏，2023

应该说，在2009年和2015年，战旗村先后决定设立集体土地合作社和集体资产管理公司时，并不那么清楚集体经济组织并非属于市场一般主体，而是特殊的经济组织，不过战旗村最终的行动选择、组织决策事实上是将其特殊对待了。其决策事后看来又具有先见之明。他们这样做，一是基于对集体和集体资产的朴素认知，二是从本村集体资产险些丧失殆尽的历史教训中得出的真知灼见。一定要用坚决有效的措施保护集体资产，不然真的可能给“一风吹”了。可见，基层党组织在关键的时候，利用自己掌握的信息，有智慧有能力找到解决难题的好方法。这也很好地体现出了刘海波所说的中国共产党的组织能够表现出全息型特点，基层和高层在基本理念上可以全息对应，心心相印，而基层组织又可以在此基础之上依据本土经验灵活地进行创新。

（二）战旗村全面治理的理念

战旗村的高德敏书记经常讲的一句话是，战旗村集体就是个大家庭。

1. 大家庭的治理理念

战旗村的治理可以比照大家庭的治理。在大家庭里，几代人共同生产和生活，不是为了尽快发财；也不同于政府或事业单位的逻辑，不可能完全依靠别人的财经供养。大家庭要养活一大家子人，就得从事生产劳动，满足大家的消费需求，生产活动与消费活动相互促进，达到大家庭丰衣足食、安居乐业、和谐稳定的目标。所以说，经济生产是维系大家庭最重要的支撑。只是，发展经济的目的是更好地生活，村庄经济、社会、文化、生态实现全面均衡发展，而不是利润最大化。

村庄这个大家庭是由小家庭组成的，小家庭之间有贫富差距，各家对生活的需求情况也很复杂，并不能一概而论。作为大家庭的家长，就要公允地做好资源利用和利益分配的动态调配，努力让大家庭的成员感受到公平和公正，达到基本满意。这个资源和利益的调配，不仅有经济的，而且有社会的和文化的。经济越是发展，大家庭内部的小家庭之间的收入差距越应该缩小，社会的和文化的资源和利益调配的分量越应该加重。只在村庄经济发展的早期，村民收入差距相对较大时，经济利益的调配才会占据主要位置。

作为大家庭的村庄经济自身治理的目标，就是追求村庄这个小社会民众生活的富足稳定和安居乐业。在村庄的经济治理中，既要保留可持续发展的那部分小农户自谋生计的生产生活方式，又要逐步引入外部市场适应本村发展格局的现代化生产生活方式。比如，村庄善用集体收益为大家谋取某些城市居民才有的社区福利和保障。这种大家庭式的村庄人际关系和运行机制与历史上大家庭的本质区别是越来越重视每个家庭成员即每个农户的主体性，完全支持他们按照自己的意愿安排生产生活。集体与个体之间，形成你中有我、我中有你、互通共融、公私合璧的生产生活方式。小农户既有属于个人完全支配的生活来源和收入，也有村集体给予自己的就业门路和福利性收入，既可以用较之前灵活得多的方式安排家庭生计，又不至于让自己的安排完全暴露在非必要的外人或市场的窥视之下。这就是适合小农户心愿和伦理的与现代农业与现代农村发展有机衔接的村庄治理方式。因此，战旗村这类新型的现代大家庭式的全面治理方式是很有意义的。

2. 战旗村形成治理理念和体系的历史时期

战旗村20多年的实践过程是对治理内核的不懈探索和积累。事实上，战旗村基本搭建起了新时期村庄全面治理的制度体系框架。战旗村的突出贡献是，创新了以村民自治为根基的经济治理的集体经济组织形式和新型集体经济的实现形式，拓展了村民自治制度的外延，让村庄内部的德治支撑和法治保障有了更大的作用空间，也提升了“三治”之间相互促进的动力和能力。

2002年至2009年为第一个时期。这是以自觉重建新型集体经济的经济基础为主要特征的时期。在这一时期，战旗村党支部收回了分散在个人手里的集体企业的股权，让集体投到企业里的资产所有权真正回归到村集体手里。之后村集体进行了集体企业资产经营权的租赁制改革，并以变现的集体企业流动资产为资本，开始了全村农地经营权从村民小组起步到村集体全部收储的农地改革。战旗村还运用土地增减挂钩的政府政策将宅基地集中换指标，以全村的住宅集中推动土地集中。历经8年，战旗村完成了集体财产——无论是土地资源还是企业资产——全部回到村集体手中的变革。

2009年到2015年为第二个时期。这一时期以成立村集体土地合作社和村集体资产管理公司为标志，战旗村集体经济治理体系初步建成。为了将收储到手的土地和资产投入市场运营，战旗村先是在

2009年建立了专门管理农用地的集体土地合作社（以蔬菜专业合作社为名登记），资金全部由村集体提供，村集体派出村会计直接管理农用地的对外租赁、核算、监督、集体成员分红等事宜，后期将农用地经营项目的签约与管理都管起来了。2015年，为适应集体经营性建设用地上市、非农项目经营业务大量涌现的要求，战旗村“两委”建立了集体全资的战旗集体资产管理公司，由村民委员会的大会计负责，对村集体和村庄地域内所有非农项目实施全面管理。其中，既有村集体全资设立的公司和项目，又有与各类经营主体合资、合作的项目，甚至私人公司的项目经营情况也连带统计在内。这让村集体资产管理公司成为村庄地域非农资产的经济管理中心。它以村集体经营性资产管理为核心，全面统筹了全村非农产业的市场经营。

2015年以后为第三个时期。这一时期以村集体经济管理制度体系不断完善，全面嵌入村集体法人治理结构为特征。如战旗村集体经济治理结构图所示，村集体经济组织的治理结构是三层四方结构，与第一章村庄全面治理图所示的全村的治理结构是一致的，而且经济治理占据着重要位置。在村庄全面治理图中，党建和村民自治作为重要制度标出，说明这两项制度涵盖了所有村庄事务，涵盖经济、社会、政治、文化等。可见，战旗村经过多年实践，已经将集体经济事务与村庄社会、文化、治安等事务很好地整合在一起了，实现了村党组织领导下村级各类事务纵横联系、多效合一、统分结合，全面统筹治理的稳定格局。

战旗村的全面治理体系，是在村党组织领导下，依法以村民大会/村集体经济组织成员大会为权力机构，村民委员会和村集体经济组织理事会为委托代理机构即执行机构，村民委员会的四大职能办与集体经济组织理事会的两大职能机构（集体土地合作社与集体资产管理公司）为管理机构的法人治理结构。

战旗村集体经济组织组建和授权集体土地合作社、集体资产管理公司，对全村农业和非农业两类经济事务进行管理和监督。集体土地合作社和资产管理公司管理下的各个市场经营组织、经营主体负责具体经营。这就形成了村集体经济的治理权、管理权和经营权三权既分立又衔接的特征。而当村集体的经济事务融入村庄治理之时，就是经济事务进入村民自治制度规范之日。村庄重大的经济事务都必须依照集体土地合作社和资产管理公司章程中的规定，接受村民委员会、村民监督委员会的质询和监督。此举拓展了村民自治制度的外延，实现了乡村治理体系的重要创新。

（三）战旗村集体经济治理中的管理方式

1. 为什么管理类别主体分为农用地管理和非农地管理两部分

在战旗村的集体经济治理结构中，管理机构被分为专管农用地的集体土地合作社和专管非农地上的经营性资产的资产管理公司。为什么要这样设计呢?

这主要是由当时的发展需要决定的。战旗村今天的集体经济的形成，源自2002年村“两委”发起的集体经济自主改革。当时的改革措施主要有两项：一个是土地集中，上千亩农用地的农户经营权全部集中到村集体手里，村集体对农户负责，挑起全村农用地集中治理的担子。所以，2005年战旗村就开始酝酿设立土地合作社。但是《农民专业合作社法》只允许办专业合作社。于是在2009年，按照法律要求，战旗村注册了蔬菜专业合作社。不过，它的实际功能还是承担全体村民承包地集中到村的土地经营管理。另一个改革措施是村集体收回了村办企业股份制的个人经营权，重新清产核资后招商租赁，这些集体企业归在1994年村集体注册的成都集凤实业总公司下进行管理。这个公司在2011年更名为集凤投资管理有限公司。2015年，村集体用13亩建设用地性质的土地挂牌上市，换回了700多万元资金。形势要求村集体必须进一步做好非农的集体资产的运作，战旗资产管理公司适应这一要求，正式登记注册，集凤实业有限公司管辖的村办企业的全部资产移交给新的资产管理公司。经过这样的调整组合，村集体的农用地资产和非农地资产分类统归村集体的合作社和资产管理公司全权管理了。

2019年，按照农业农村主管部门对村集体产权制度改革的要求，战旗村与其他村庄一样，成立了村集体经济股份合作联合社（金星村并入后称为联合总社）并在区农业农村局登记赋码。而原本已经归属清晰、管理权明确的两个集体经济组织，即管理农地的合作社和管理非农地资产的资产管理公司，就很方便地挂在登记赋码的战旗村集体经济股份合作社联合社名下，成为这个机构的管理机构，而这两个管理机构的资产和利润的年度统计汇总，就是战旗村集体经济组织的资产和年度绩效。

2. 集体土地合作社对农用地的管理

按照《农民专业合作社法》的规定，农民专业合作社是由占成员总数不低于80%以上的农民和与其生产经营活动直接有关的企业、事业单位或者社会组织共同组成，是与村集体无关的。而战旗村于2003年开始，到2011年集中了全村95%以上的土地。全村除了几个农户外，500多个农户的承包地是村集体统一经营后实行每人1亩1厘3分7支付的土地租金。村集体创办合作社是为了方便土地的集中管理和运营，保障农户在得到土地租金之外，还能得到村集体因土地经营而产生的土地收益分红。与后来全国各地举办的党支部领办合作社相比，在集中部分土地方面，战旗村的做法提前了6～10年。不过，由于当时没有《农村集体经济组织法》的法律条文支撑，因而集体性质的土地合作社暂时只能在专业合作社的法律框架内登记注册。

战旗村 2009 年的集体土地合作社是以蔬菜专业合作社的名义注册的。当时村民委员会出资 50 万元，代办了专业合作社注册手续。为了符合注册规定，战旗村将 50 万元转化为 104 个村民平均出资，并且按当时的规定，全部登记为 104 个村民的土地入股。而在 2009 年，集中到村集体的土地为 1 100 多亩。2011 年，全村 1 800 多亩土地都集中到村，进入合作社管理范围。2020 年，金星村并入战旗村，新战旗村的土地规模增加到 5 400 多亩。金星村集体曾仿照战旗村的办法也成立了管理集体土地的蔬菜专业合作社。合村后，这部分土地逐步划归战旗村的集体合作社统一管理。

现在，战旗村的集体土地合作社管理着 5 400 多亩农用地。管理的内容主要分为四项：农用地村内承包管理、农业企业租赁土地管理、农业产业各类业态管理和合作社的收支管理。合作社的管理者是战旗村主管会计方磊。财务核算和财务控制成为合作社管理的主要方式。

(1) 农用地村内承包管理

在合作社成立之初的 2009 年，战旗村集中的 1 100 多亩土地中，有 700 余亩农地由合作社分包给种植大户，收取租金，近 400 亩宅基地和林地经过改田改土的整理复耕复种，当时种植的是时令蔬菜，吸纳了40余名村民种地。2010年8月，战旗村发布的《土地集中实施办法》规定，本村农户的承包地、还耕后的宅基地和自留地，都入股到战旗蔬菜合作社进行统一经营，实行“保底+分红”的效益分配方式。不愿意入股村集体的农户，按确权的面积由集体统一另行划地，不享受村集体土地经营产生的效益。到2011年年底，合作社已集中土地1 800余亩，集中度达到95%。其中，合作社自主经营的农用地有450亩左右。

为了经营好合作社这450亩左右的农用地，自2022年年初开始，战旗村探索了“内部承包人”的新模式。具体做法是，请精通农业科技的种田能手杨建明进入合作社，作为技术人员拿工资，同时承包合作社的自营土地。合作社与他签订内部协议，规定这450亩左右的承包地按照每年每亩1 500元的租金上缴村集体，达不到这个额度，需由杨建明自己补全。高出这个额度的收益，按八二开分配，杨建明拿80%，作为对他的激励。这450亩左右的农用地中的一部分要按照政府规定种植油菜和水稻，其余农地种植的作物，品种可自主选择。同时，村集体给予支持，包括流动资金、农机农具购买，以及规模化种植水稻油菜的申办补贴等。目前，政策补贴有力度，每亩油菜有200元补贴，100亩水稻有2万元资金补贴。当然，合作社的各项工作，如农业技术、农产品销售，都有专业人员指导。

战旗村的农用地经营权集中到土地合作社之后，合作社根据农户的意愿分别处理。第一种情况是，对于已经集中到村集体的耕地，按照市场交易原则，租给种田大户，收取土地租金。第二种情况是，对于少数不想将承包地交给村集体的农户，可照常耕种自己的承包地，不过没有村集体发给的每年每亩 1 200 元的土地费，也没有土地分红。第三种情况是，对于既想拿土地费又想自己种田的农户，合作社就先收取他交来的承包地，再将这块地以及更多的地返租给他。由于合作社承诺所有农户按季度发土地费，因而返租户必须按期向合作社缴纳土地租金。

农民为什么愿意将自家承包地先给集体再返租呢？因为算总账，尽管市场上租地的每亩租金，与农户从村里领的每亩土地费差不多，甚至还高些，但是加上合作社对本村村民租地的优惠政策就不一样了。合作社的村内市场的土地租金收费要低于外部市场土地租赁价格，市场价格种庄稼每亩租金为 1 400 元，种树木每亩为 1 500 元，村内返租每亩按 400～500 千克大米计，按当年政府大米指导价计算，一亩地大概要低于市场价 100～500 元。所以说，愿意种地的农户都可以用合作社给予的优惠价格租到土地。

(2) 农业企业租赁土地管理

战旗村合作社管理的农业企业目前有两个，未来会再增加两个。

这些企业之所以划给合作社管理，是因为它们都与扩大土地的产出效益直接相关。

目前的两个农业企业，一是以旅游业为主的“台丽农庄”（原为“妈妈农庄”），二是生产菌菇的中延榕珍菌业。它们都是租赁合作社的土地，缴来的土地租金算作合作社的收入。未来增加的农业企业，一是蔬菜的加工物流企业，二是粮食烘干储存企业。对于这两个新企业，战旗村将采取土地作价入股的方式，与出资的企业合股经营。

“妈妈农庄”是战旗村集体为扩大集体经营范围专门引进的一家企业。2007 年，村民委员会与“妈妈农庄”签订了土地租赁合同。其早期的土地租赁费直接给村集体的财务，再转给合作社。2018 年，村民委员会出具委托收款单给“妈妈农庄”，此后“妈妈农庄”的土地租金直接上缴合作社。

2007 年引进的榕珍菌业是个现代农业企业，当时战旗村引进这家企业，是为解决土地增减挂钩、调地并院建新型社区后，大量农民离农就业的岗位问题。签订协议时，这家企业同意用工全部使用战旗村和金星村的村民，此举至今解决了 400 名村民的就业岗位。企业还给所有员工缴纳了社会保险金，它在当时是全国第一家。

（3）农业产业各类业态管理

首先是贯彻国家政策，特别是减少土地的非粮化、非农化。合作社首先将自行运营的400多亩农用地重新规划，增加粮食作物，种植了水稻320亩、玉米70亩、各类蔬菜12亩。种植所需的人工费、肥料、农药、管理费和日常维护、农用工具等费用都由合作社支付。其次是苗木腾退，到2022年年底已经腾退了近200亩。腾退之后，战旗村增加了粮田和蔬菜的种植面积，这对保持集体的经济效益是一个挑战。还有，合作社要管理农业项目的资金申报，例如修沟路桥的项目资金、农业社会化服务补贴、购买农机具补贴、农业种植规模化补贴、合作社自身的贷款业务等。合作社利用政府的政策支持资金优化了产业布局，增加了集体资产，特别是2021年，在政府支持下建设了冷库项目，让农业产业链日趋完善。

战旗村的农业产业经营范围在扩大。譬如乡村十八坊的一些业主经营农副产品的加工与销售，这部分正在纳入合作社管理，还可合理利用税收政策。再如，农机具的贷款利息、种子培养等，都可利用国家的惠农政策而纳入合作社。

（4）合作社的收支管理

合作社的收入分成三个部分：土地租金、农产品销售收入、其他收入（如政策补贴）。这些收入除了支付村民的土地费保底外，纯利润超出保底部分的50％用于土地分红、50％用于合作社扩大再生产。

战旗村给村民发放的保底土地费是按人头平均发放的。他们召开村民代表会议，将集体的土地权属从村民小组调整为村，又以具体时间确定了村集体经济组织成员的资格认定界限，按人口重新分配全村的承包地和宅基地。这些地都是理论确权，农民只管收益，不问地在哪里。通过计算机计算，承包地每人分得1亩1分3厘7，宅基地每户分得80平方米。其他土地都是村集体的资源和资产，权属都集中在村集体，由村里按照规划统一管理。

2008年，老战旗村村民享受村集体发放保底土地费为720元/人，随着土地租金收入和经营收入增加，2016年保底土地费为1 200元/人，这部分钱按季度发放，每季度300元钱/人。

土地分红是土地经营的盈利分配。每年第一季度发放土地租金的同时，连同去年的土地分红一起发放。现在每年的土地分红约为400元/人。

2018—2019年，合作社的盈利来自申报农业项目的政策支持资金，合作社的农业项目经营是不赚钱的。为了保障每季度给农户发土地费，有时还需要拆借资金。年终土地分红有时也捉襟见肘。这也是合作社要探索内部承包人机制的原因。自2021年以来，国家加大了对集体经济的支持力度，战旗村的冷链物流和粮食烘干储存项目都得到了国家政策资金的支持，尤其是农产品二产加工项目补上了农业产业链的薄弱一环，推动合作社实现一、二、三产联动。合作社今后实现转型升级，可以提升种粮种菜的附加价值，减轻村集体农业方面的财务平衡负担，可以为确保农户利益，实现年度土地费加土地效益分红奠定基础。未来战旗村的农业产业将在国家政策支持下，扩大集体种植面积，种植作物品种按照国家需求会更为单一，将更多的时间和精力放在提升农业产业转型后的附加值上面。

3. 村集体资产管理公司对非农地上经营性资产的管理

战旗村集体资产管理公司统管战旗村集体非农地上的经营性资产。该公司的负责人是村会计杨凤，她也统管村内的公共开支。2022年，战旗村的村资产达到11 179万元，村集体收入达到680万元，村民年人均收入为3.85万元。

战旗村集体资产管理公司只负责管理，不负责具体经营，具体经营由各个公司自己负责。村集体资产管理公司与具体经营的公司形成三类管理关系：第一类，与村集体全资公司是财务直管关系；第二类，与村集体合资公司是财务监管关系；第三类，与村集体早期兴办的村企是租赁关系。

(1) 财务直管关系

村集体全资公司主要有成都集凤投资管理有限公司、成都集凤商务服务有限公司、生态旅游开发公司和乡村振兴培训学院。

其中，成都集凤商务服务有限公司负责会议、培训和旅游观光、讲解接待。2021 年以前，战旗村集体的净利润大部分来自该公司的讲解费。之后，讲解团队被四川战旗飘飘旅游开发有限公司这个国企收编，该公司与战旗村集体经济组织签订了协议，每年交付一定费用。待合同到期，讲解团队还要回归战旗村集体资产管理公司。

战旗乡村振兴培训学院是在从战旗村搬迁走的村办铸造厂原址上建立的。土地是战旗村集体的，大礼堂空间是利用铸造厂车间改建的。一家国企公司投资建设了地面建筑，形成了乡村振兴培训学院的建筑群。这个学院是按照民办非企业单位（《慈善法》已经将其改称为社会服务机构）登记注册的，属于公益机构，归民政部门管辖。按照经营性与非经营性的概念划分，乡村振兴培训学院似乎应该划归非经营性资产。事实上，该学院自 2020 年投入运转以来，尽管遇到了新冠疫情，却运营得不错。截至 2022 年年底，接待了全国各地来参访的企业、社会组织和个人，累计承办各类培训班 591 期，6 万余人次到这里交流学习。

生态旅游开发公司负责运营乡村十八坊、壹里老街项目，以及餐饮、研学、会务、培训等业务。其中，乡村十八坊、壹里老街都是村集体自主开发的自建项目。建成后租给村民或外来业主经营。管理好这两个自建项目，是近年来战旗村集体资产管理公司全局工作中的重中之重。

乡村十八坊一期开始运营时的管理办法是，村集体资产管理公司按照商铺面积另加20%公摊面积收取租户押金，电费由租户自付，每月每平方米收取5元清洁卫生费。运营第一年免收销售提成，一年之后，按实际销售的一定比例提成，大部分的提成比例是10%，蜀绣坊的提成比例是15%。

2019年3月至4月份，乡村十八坊二期开始商铺招租，但是2020年年初新冠疫情暴发，之后原来全部租完的商铺中的租户开始撤离。撤离的租户，村集体资产管理公司只从其押金中扣10%或者少于10%，其余押金返还。目前只有四家二期租户迁到一期商铺，其余租户全部撤走。

实施乡村十八坊经营提成制的关键，在于如何管理乡村十八坊的商户销售额。村集体资产管理公司有工作人员专门负责管理，各坊监控设备也比较完备。自2019年年初，战旗村开始探索提成制。当时人货两旺，形势很好。村集体资产管理公司在工商银行给各坊申请了收款二维码，作为乡村十八坊所有商户的专付账户。同时，对于收现金的商户，各坊都备有现金收款箱，公司每天都派人去收商户的现金，希望乡村十八坊的销售额能统一进入专付账户。刚开始探索时，每隔10天，各商户负责人就要到公司财务部门定期对账和清点现金。后来，商家和公司财务部门定为一个月核对一次，账核对准确后，公司财务部门直接从中扣10%的提成，90%转给商户。账目一月一结，这既能保障商户的利益，他们挣的钱能按月入账，又能让村财务准确掌握商户的销售情况，保障村集体的利益。

2019年，乡村十八坊给村集体的提成总额达到6.1万元（当时只涉及4个坊提成）。2020年后，受疫情影响，乡村十八坊的销售情况不很理想，2020年、2021年的销售提成额分别为12.6万元、8.3万元（有6个坊提成），甚至提成的收入还不能抵付乡村十八坊的管理费用。在乡村十八坊打扫卫生的有4人、门卫有4人，除了他们的工资，还有一些消耗品，如打扫卫生的清洁工具、公共厕所的用具等的购置费，这些耗费一年就有20多万元。

目前，战旗村正在想办法改变乡村十八坊的管理办法，在推动乡村十八坊生意旺盛的基础上，争取做到集体和个体都能从经营中获利。

(2) 财务监管关系

战旗村集体资产管理公司与合资公司的关系是财务监管关系。

四川战旗飘飘旅游开发有限公司、战旗乡村振兴培训学院、农耕博物馆、天府战旗酒店，都是战旗村以自己的建设用地作价入股，与国企公司合资的项目。到目前时间还短，战旗村还没有收到股份分红。其中的天府战旗酒店，战旗村占49%的股份，四川旅游投资公司占51%的股份，2022年7月起开始运营。

现在战旗的经营主体多为村集体独资的独立法人，如战旗蔬菜专业合作社、成都益林蔬菜专业合作社、战旗村集体资产管理公司、战旗生态旅游开发有限公司、成都集凤投资管理有限公司、成都集凤商务服务有限公司。战旗还与其他经济主体合作成立了四川战旗飘飘旅游开发有限公司、成都战旗文化旅游产业公司、四川花样战旗景区管理公司、战旗飞扬规划设计公司等。合作入股的有成都蜀源战旗企业管理有限公司。

对上述公司的财务管理，战旗资产投资管理公司采取只管总账、不管具体收支的方式。这些公司都有各自的独立会计和出纳，只是将财务报表按季度报给资产投资管理公司。年度盈余中按合同归战旗村集体的这部分利润汇总到战旗集体的大账上，资金留在关联公司，需要使用时再调出。

对于关联公司的财务账目，战旗资产投资管理公司有管理监督的责任。若这个季度和上个季度的数据差异比较大，公司就去了解情况。目前，成都集凤商务服务有限公司、战旗生态旅游开发公司、战旗蔬菜专业合作社、战旗村股份经济合作联合社这几家公司的会计和出纳都与战旗村集体资产管理公司的会计一起办公，所以村财务部门对这几家公司的具体财务情况掌握得较多。

吕家院子是原金星村开发的一个项目，作为餐饮娱乐项目对外招租，还开了民宿。这个项目的合同是由外来投资者和金星村股份经济合作社签的。每个月的总金额扣除费用外，外来投资者给金星村3%的抽成比例，2020年5月金星村合并进战旗村，因疫情对餐饮企业影响较大，村集体考虑到餐饮企业经营受困，提成制暂时未实施。一旦餐饮业走向正常，就由战旗村集体资产管理公司管理并进行提成。

(3) 村企租赁关系

战旗村集体的经营性资产包括以前村集体办的集体企业和后来以土地为本的关联企业。村集体自己投资建立了加工企业，如成都市富友绿色调味品有限公司、四川先锋生态园调味品有限公司、满江红食品科技有限公司、砖厂气调库。这些企业的固定资产是集体的，以市场租赁承包方式由个人承租经营，每年向村集体上缴固定资产及土地的租赁费。

专栏

战旗村党委书记高德敏答记者问（2023年）

问：战旗村坚持探索创新集体经济，您感觉哪些因素是比较重要的？

答：我觉得第一个是传承。前面的人都那么做了，你后头敢不那么做吗？第二个，我们是在不断完善我们的制度，不断提高我们在村庄的执行能力。现在所有的人和事都在发展，各方面的要求也提高了，我们要不断地提升和完善自己，也要防止大家出问题。好不容易把全部的精力都放在这儿了，出了问题怎么办？第三，非常重视各类人才的培养。我们让很多年轻人在不同的部门中接受锻炼培养，特别是非常重视对财务人员的培养，用我们农民讲的一句话就是，财账分明才大丈夫。如果不清不白，那么一定会出错。村里有几个会计、几个出纳，我们的重要任务之一就是不让他们出纰漏。

问：怎么发展集体经济？

答：发展村集体经济，要让村民、民营企业都在集体经济的平台上找到位置。集体不能只想着挣钱。要明白集体不是什么都能干，风险大、利润高的项目集体不能干，要把利益让给能够承担风险的人去干。集体选择项目要努力做到只盈不亏，然后保持住这个盘子。公共设施或是硬资产硬设施，风险不大，利润也不大。不过集体只要不亏损就行，保住集体资产就行。

（四）战旗村集体经济治理体系的主要特征

1. 以谋划为方向

村庄规划现在成为一个规定性词语，是指按照政府的要求，对村庄的房屋、产业、公共设施和公共服务业态按照村庄既有的生态环境，打造出更加适合村庄长期发展的样式。其中，要落实政府对这一片区域的既定发展方向，比如建造农业产业园区、发展工商业、发展旅游业等。这类规划往往将村庄作为客体，配合大片区规划进行适应性改造。而战旗村规划不是这样的，所以为了显示区别，我们可以将战旗村的自主规划称为“谋划”。就是说，谋在前，谋定而后动，如果一时没有谋定，那就等待一段时间，以时间换空间。

战旗村的谋划是由来已久的。自 1965 年从金星大队分出来以后，战旗大队的第一任书记就开始了为战旗未来发展谋划的进程。他带领班子成员先是学大寨，组建民兵队伍，改田改水改路，接着是搞好家庭副业，大办养猪业，让村民家家有活钱。然后村集体开始办工业，依靠集体经济和以工补农，让村集体和农民个人的腰包鼓起来。在这些谋划当中，村办工业、集中居住一直是各届党组织书记持续谋划的事情，接续奋斗了 50 多年，到李世立和高德敏这两任，才实现了前面多任书记的梦想。

以土地经营为基础的村庄发展谋划，是在高德敏当书记的任上。他把村庄的每一寸土地都看作村集体的宝贝，未来的村庄发展就要靠这些土地。所以，他组织村干部和村民，仔仔细细、一分一分、一寸一寸地丈量全村未利用地，将每寸土地都登记入账。通过细致地丈量土地，集体经济的土地账上多了几十亩地。土地是用来发展村庄集体经济的，土地是可以通过权属调整实现村内土地置换的。土地的置换又能够满足适合村庄发展的项目的需求，所以土地谋划要从土地整理（量的把握）到土地权属调整（质的把握），再到土地应用（项目的把握）等一系列首尾相接的链条流程。战旗村新社区的建设、五季香境商业综合体的建设，还有从“妈妈农庄”到“台丽农庄”的建设，以及乡村十八坊项目的建设，都走过了这样的路子。

以谋划为核心，以土地为根本，是战旗村集体经济治理的独特经验。近年来由于农村发展的宏观环境条件更倾向于由县乡政府替代村集体做规划，因而不再有战旗村当初能够独立自主做决策的空间。但是，战旗村听从自己内心的召唤，努力创造条件实现自己的谋划，这种自主自强的精神是永不过时的。村“两委”谋划的工作流程，包括意图从群众中来，有了方案再到群众中去，项目建造时动员群众为自己也为集体的利益而战，全程接受群众监督，这些经验都是可借鉴的。

2. 以包容为途径

发展壮大村集体经济，是只限于集体的经营性资产，即村企业以及土地租赁的有限范围，还是将集体经济办成一个包容所有村民户、集体经济成员的家庭，以及愿意来战旗的市场投资企业和个体共同的家园，一直是一个有争议的问题。战旗村领导班子认为，集体经济的治理就是大家庭治理，大家庭里的人各有长短。有的人干这个能力不行，例如不会搞经济，不会挣钱，但是他人缘好，会联络人，也比较公正，做个村务监督委员会的监事正合适。因此，集体经济治理就是包容每个人的长处和短处，让所有人都能心情舒畅发挥个人所长。

集体经济的治理目标并不是经济效益第一，而是团结和谐第一。在村里的老老少少，出钱出力建造乡村十八坊以及后来推动村里的能工巧匠在乡村十八坊办家庭作坊时，战旗村都坚持了集体经济是个大家庭而不是大企业的原则。设立战旗村集体资产管理公司是在 2015 年，当时正值土地挂牌出让，购买土地的迈高公司要进入战旗村，希望将这些土地派上用场，保障长期盈利。但是迈高公司负责人不熟悉情况，不知道怎么做。这时，战旗村“两委”就主动和他们商议，提出了共建五季香境商业综合体这个创新思路，与买地的公司合资成立了新公司，专门负责建设和运营这个新项目。这就将这家外来公司纳入了战旗大家庭中。在战旗村，每家民营企业与村集体之间都不是对手而是朋友，形成了战旗式的共建共享关系。战旗村尽最大可能为每家企业、每个投资者还有每个农民家庭创造平等友好的发展环境。这种包容性使得所有投资者、企业、个体户都把自己融入了战旗大家庭中，村集体经济成了可以包容各类经营主体的村庄经济体系。

3. 以自治为原则

现在，村民自治在很多村庄成了“奢侈品”，村民和村干部“老死不相往来”，凑到一起吵架拌嘴不愉快。而在战旗村，在村民大会、村民代表大会、集体经济组织成员大会，还有村内自己组织的村民理事会、议事会、监事会上，干部和群众时常碰面，村干部习惯了“四议两公开”这套程序，有重要问题先在党内进行充分酝酿，再与村民骨干、非党干部共同研究，形成靠谱的方案后再提交给村民代表会议、村民大会等进行讨论，形成决议以后，保证执行。只要是涉及村庄范围内的重大事情，就由村民代表会议决定，而不是由村“两委”的少数人决定。

在战旗村，村“两委”已经将同群众密切联系、有事同群众商量、倾听群众意见刻在骨子里，他们以村民大会和集体经济成员大会为权力机关，完全按照民主集中制的原则办事，把对村庄对群众的领导作用和核心作用体现在带头执行党的方针上，把群众的利益放在心上。

专栏

战旗村党委书记高德敏谈重大事情检查（2023 年）

检查村集体在重大事情上做得怎么样要看三条：一是要有决策依据，看村“两委”的干部意见统一了没有；二看有没有协议；三看定的价格是多少，当时有没有约定，支出的价格必须与约定一致。这样将来不管是老百姓反映，区纪委、省一级的检查都可以查清楚。这给管理者和老百姓都有一个明白的交代。

4. 以财务为轴心

处于集体经济治理权和经营权当中的管理权的权责十分明确，就是做好集体经济的财务规划和预决算，对村集体的经济状况负全责。村集体经济的规划原则是量入为出，实现财务平衡，主要措施有两项：一是开源节流，盘活乡村十八坊、壹里老街等村集体全资企业；二是对农耕馆、乡村振兴培训学院、运动中心地块实行出租新方案，以增加集体收入。

以财务管理为核心的集体经济体系管理，重在财产关系而不是产权关系。通过财务管理，我们可以清晰地看出集体经济体系内部的每个经营主体的经营状况及其与村集体的关系，还可以看出其经营效果的连续性与可比性。

专栏

高德敏书记谈村庄财务

不管是国家机关、事业单位、公司企业，还是我们村集体，所有工作、所有行为、所有问题，最终都会在财务上体现出来。财务非常重要，把财务管好了，其他问题就会杜绝，财务一混乱，问题就层出不穷。村集体的财务管理人员要透彻了解村庄的整体情况，要为村庄的经营当参谋，财务不是记账先生。很多村的财务是记账先生，战旗村的财务是规划的参谋。

截至 2022 年，战旗村的资产达到 11 179 万元，负债 1 000 多万元，鉴于战旗村目前还处于经济快速发展阶段，这样的负债率并不算高。不过，战旗村集体认为，由于负债主要是修建乡村十八坊时必须支付的地下水网管道等公共设施，属于非经营性资产，这种负债无法依靠以后的经营收入偿还，因而正在考虑使用自己的建设用地指标偿还负债。战旗村从自己的经验教训中总结出村集体管理与经营的三条原则。

第一，村集体做经营要稳字当头。关键是稳，不要轻易做大的经营活动。村集体的主打方向是做服务，经营并不是主力。经营村庄要像经营家庭一样，不把经济效益放在第一位，要把稳定和谐、讲求伦理道德放在第一位。

第二，不要轻易用自有资金从事新的生产和经营活动，除非现有经营项目已经十分成熟强大，现有项目的资金回报确实能够满足新项目投入需要。村集体要努力实现无负债情况下的自主经营，以求将集体经济的财务风险降到最低。

第三，村集体要杜绝非经营性投资的负债，因为这类负债的变现能力差。

要落实这些原则，村集体就要坚持做好财务管理。而战旗村的财务管理能力已经成为村集体经济组织治理的核心优势，并且为集体经济组织将特别法人的管理功能与市场一般法人的经营功能相结合搭起了桥梁。

上面我们具体介绍并讨论了战旗村集体经济组织在农业和非农业两大领域的管理措施，其实这些管理措施都是围绕如何在集体经济组织与不同个体农户以及其他市场经济主体之间形成良好的互动，形成战旗村具有活力的产业结构和经济发展动力，体现集体经济组织作为村庄经济治理的核心主体的主导作用。

三、我们的评述

集体经济能否兴旺发达决定了乡村振兴能否持续、能够走多远，而集体经济管理水平能否在现有基础上有很大的提升，决定了集体经济能否兴旺发达。战旗村给了我们一个近距离考察的样板。

战旗村最鲜明的特点，是村党组织领导下的村集体牢牢掌控集体资源和资产的所有权，依法依规构建了一套实践中做得到、行得通的村集体法人治理结构体系，从而可以对集体资源和资产自主进行整体规划、自主管理和自主经营。战旗村之所以能搭建起帮助小农户各展其能的创业就业平台，能包容所有外来各类投资和经营主体，能推动村庄全面建设，形成农民共富、和谐共荣的环境氛围，让全村成为有朝气、有活力、奋发有为的有机整体，就是因为战旗村有自己的全面治理体系。

这是包含以集体经济为核心的村庄经济治理、社会和文化治理的一整套村庄治理的体系。战旗村创造的许多经验值得全国各地农村基层组织仔细琢磨和思考。这里简述其要点。

（一）对战旗村法人治理结构的再认识

本书第一章和第三章在战旗实践的开篇分别展示了战旗村全面治

理图和战旗村集体经济治理结构图，揭示了战旗村全面治理体系和法人治理结构体系。

1. 战旗村法人治理结构体系

在村党组织集中统一领导下，以《村民委员会组织法》和《农村集体经济组织法》为依据的战旗村法人治理体系，由五个部分组成：

一是权力机构。村民大会和村集体经济组织成员大会是战旗村的权力机构。村民大会是村民对村庄各项涉及村民利益的村级事务行使自治权力的机构，村集体经济组织成员大会是成员集体行使维护集体所有的各类财产和对其运营分配的权力机构。

二是执行机构。村民委员会和村集体经济组织理事会，分别由村民大会和村集体经济组织成员大会选举产生，受权力机构委托，是日常生活中的执行机构。执行机构负责的是村庄统筹规划和决策管理工作，负责村庄各类经济、社会、文化事务的经常性决策，这对于维护村民和集体经济组织成员的基本权益起着重要作用。

三是管理机构。村民委员会下设的四大职能办公室，即党群办、综治办、振兴办、财务办，是村庄事务的具体执行的管理机构；村集体经济组织理事会下设的集体土地合作社与村集体资产管理公司是村庄经济事务的具体执行的管理机构。

四是运营机构。四大职能办之下的群团、村民小组、党小组等正式组织，文娱团体、志愿者组织等非正式组织，是村务的具体运作机构，它们共同构成了村务落地实施体系。在村集体土地合作社与村集体资产管理公司之下，集体全资和入股合资、租赁合作等各类企业、合作社、农业经营大户，均依法依规负责自己的经营运作。

五是监督机构。按照《村民委员会组织法》，战旗村设立了村务监督委员会，按照《农村集体经济组织法》，战旗村设立了村集体经济组织监督委员会，这两个依法组成的正式的监督机构是二合一的，共同对村庄的社会事务和经济事务发挥监督作用。村民议事会作为村民代表会议的核心部分，是民主管理群众性组织，属于村庄自治的非正式机构。

这五个部分再分为治理板块和经营板块。治理板块由权力层、执行层、管理层三个纵向相接的层次和权力机构、执行机构、监督机构和管理机构四个功能不同但联系紧密的主体构成，我们称其为三层四方结构。运营层和运营机构是全面治理体系的经营板块，它在市场中呈现出多样式多业态多主体，是最生动活泼的部分。

2. 战旗村法人治理结构的创新

我们发现，战旗村治理结构中的管理和经营功能是分开设置的。

管理属于集体经济组织法人治理结构的底层职能，也是守关把门的职能。要义是管好“集体财产和财务，保障集体财产安全”。而集体财产的灵活经营，属管理职能的下位职能。它要服从上位职能的要求，在保障集体财产安全的前提下开展多种形式的经营活动。

战旗村集体经济组织的管理职能和经营职能的分立体现在以下三个方面：

第一，主体不同。战旗村集体经济组织的管理主体是集体土地合作社与村集体资产管理公司。它们分别统管村集体经济的农用地业务和非农地的经营性资产的业务，经营主体既有集体经济组织早期创办的集体企业（后来由集体全资投入）、与村内外企业合股合资的公司，又有承接集体土地合作社农用地租赁的经营大户和农业企业等。

第二，功能不同。管理主体的主要功能是通过财务核算和财务管理来保障集体财产的安全。至于农用地和非农地的经营决策，主要是由党组织领导下的集体经济组织理事会来决定的。这两个管理部门要及时为决策提供必要的各类信息尤其是财务核算信息。

第三，各自独立又相互联系。这两个部门分别下辖各类独立的经营主体，可按照与集体经济组织的远近亲疏对其进行分类。例如，集体全资的企业、集体资产租赁的企业，在管理上就要比集体入股合资的企业更严格。

这种将集体经济的管理与经营相对分开的做法有几个好处：一是

前面说过的“大权独揽、小权分散”。对集体经济组织来说，维护好自己的财产安全是主流、是大局。将管理和经营相对分开，管好集体资产就是抓主流，主流抓错了就一定会摔跟斗。二是探索集体经济的有效实现形式，就要在市场上与其他主体合作，“借鸡下蛋”，入资合股，特别是充分利用土地资源做好集体土地的经营，这对发展壮大新型集体经济大有好处。但是市场经营有风险，所以管理和经营相对分开等于给集体经济加了一道防风险的墙。三是管理其实是治理的基础功能，不过治理更广泛，管理更具体、更单一，必须遵循一定的规律，经济管理尤其要注重财务核算和数据管理。而经营是灵活多样的，像水一样随方就方、随圆就圆。治理的重点是要达到一定的目标。为此，治理者必须了解达到目标的规则和规律，协调那些有一定规范的管理工作。

目前，很多集体经济组织并不明白以管理做阻挡经营风险的一道墙的道理和好处，直接将集体经济组织变身为全资公司或合作社，做一般市场经营，结果经营不善或者遇到突发风险，无法自处。还有的集体经济组织因为害怕损失集体财产，只做现有土地和房屋出租，不做任何经营事业，等着政府投入项目资金以增加集体财产，项目资金发给外部企业，自己坐地收租。这些都导致发展壮大新型农村集体经济困难重重。

现在，全国各地农村的集体经济组织已经基本上设立了。根据权威数据，截至 2021 年年底，在农业农村部门登记注册的农村集体经济组织总量为 960 864 个，其中乡镇级 864 个、村级 57 万个（行政村 48.9 万个）、组级 39 万个（村民小组 376.1 万个）。乡、村、组三级登记的农村集体经济组织成员共有 9 亿多人，占全国人口近七成。这表明，做好农村集体经济组织治理，发展好农村新型集体经济，确实是关系到中国农民整体利益的大事。

（二）从战旗村的治理经验中可以学到什么？

1. 村庄的治理理念

战旗村的治理理念是将村庄比作大家庭，像经营家庭那样经营村庄。这里所说的经营，就是统筹协调，就是将所有村民的利益都放在心上，一个人都不放弃。这样的村集体，将工作职责定位在为村民提供所需要的生产生活各类服务上，村集体经济组织发展壮大集体经济，做经营项目，不是以获得盈利为首要目的和唯一目的，而是以促进村庄就业、利于村庄整体环境、维护村庄生态、调动村民积极性和从中获得利益为目的。当然，这样的集体经济经营要以不亏本为底线，能有些盈利更好，但不追求高利润、高回报，而是有微利就行。

2. 依法依规建立村庄治理的组织和规范

战旗村的村庄治理，是对村庄这个大家庭里的人和事进行统筹管理。

要做到这一点，基础在于落实村集体对于土地和自然资源的所有权。因为村集体的经营性资产（如各类经营设施和集体企业）和幼儿园、托儿所、小学、卫生站等非经营性的公共设施，都是在土地上建造出来的。《中华人民共和国宪法》规定，“农村和城市郊区的土地，除由法律规定属于国家所有的以外，属于集体所有；宅基地和自留地、自留山，也属于集体所有”。此外，森林和山岭、草原、荒地、滩涂等自然资源，除了法律规定属于国家所有即全民所有之外，也属于集体所有。村集体要将资源和资产的所有权落到实处，就需要设置能够行使村集体的所有权能即占有、使用、收益和处分的权利的制度安排。

农村改革是从集体土地由家庭承包开始的，集体通过与农户家庭签订的承包合同将集体对土地的使用权让渡给了家庭。但是家庭土地承包制实行几十年后出现了新的情况，不少家庭成员外出打工，土地撂荒，因为打工的收入高，而土地撂荒是零成本。家庭承包在中后期不仅依照国家规定取消了向集体支付的承包费，而且农户不管种不种地，都可以领到国家支付的农用地补贴。这种情况下，一些村集体开始想尽办法收回承包地，也就是农用地的集体使用权。战旗村收回集体土地使用权的举措始于2003年，真正完成全村95%的承包地使用权的收回是在2011年。而收回土地不是目的，更好地使用土地，进行土地经营，使之产生效益，才是目的。为了实现这个目的，战旗村建立了统管全村农用地的集体土地合作社和统管所有非农地上的经营性资产的村集体资产管理公司，制定了有关制度规范。自从建立这两个管理机构以来，所有想要进入战旗村的市场主体只能通过机构进行交涉，所有战旗村内的个体和企业要使用集体的资源、资产也必须通过机构。这两个管理机构代表村集体很好地行使了对资源、资产的管理权，支持村集体对资源、资产进行统筹安排的所有者权能。

村民自治是村庄治理的核心制度和规范，战旗村自2002年发动集体经济制度自主改革时开始，就将村民自治作为自己工作的指导方针，村“两委”负责人外出考察学习农村改革经验，回村的第一件事就是开村民代表会议与大家交流心得体会，村内所有大事都经过村民议事会、村民代表会议讨论通过。遇到一部分人有反对意见，村“两委”负责人就针对问题找方法，直到绝大多数人（不低于85%）都认可之后才上会做决策。为了解决群众提出的问题，他们将村民小组、党小组、村务监督委员会等村内组织都发动起来，围绕村庄每一时期的中心工作和村民一起讨论，让村民自治的精髓——村民参与，信息公开、透明，意见反馈渠道畅通，通过各类正式、非正式的组织和协商讨论落实到实际工作和生活中。这让每户村民都清楚每个时期村级领导班子想做什么，有什么没解决的问题。正是因为村级领导班子和村民经常在一起，一刻也不脱离村民，所以村民心里想什么，领导们也都清楚。

这样的村庄氛围，正是村民委员会组织推行村民自治制度所期望达到的效果。村民对村庄大事小情的积极参与、对村集体各项改革措施的拥护，让战旗村自主创新的集体经济管理制度有了合法性。2019年，战旗村按照农业农村部所发文件建立规范的村级集体经济组织时，将已经嵌入村民自治和村民委员会管理的集体土地合作社和集体经济资产管理公司纳入新登记的集体经济组织管理范围，就水到渠成了。

3. 积极探索村民委员会与集体经济组织之间的关系

探索村民委员会和集体经济组织之间的关系，是党中央、国务院在2016年下发的农村集体产权制度改革文件中提出的命题。战旗村用自己多年的实践实现了在村党组织领导下，村民委员会和集体经济组织既相互融合又职能分立，成为统一治理核心的目标。其做法体现在以下四个方面：

一是制度设计上的统分结合。战旗村通过法人治理结构中的村民大会和集体经济成员大会的决策权、村民委员会和集体经济组织理事会的执行权，四大职能办和集体土地合作社与集体资产管理公司的管理权，实现三权分立，通过人事机制实现权力行使的实质结合。三权分立让不同组织机构的权力得以制衡，统分结合让人与事实现相互协调。这是战旗村全面治理运营顺畅的钥匙。人事机制是润滑剂。战旗村的人才团队从村“两委”委员，村四大职能办公室负责人，到村集体经济组织管理、监事会成员，村财务负责人、党小组长、村民小组组长，以及村集体全资和重点合资企业负责人等，总共有六七十人，他们是维系战旗村大家庭治理的中坚力量。从机制上看，他们采取人员兼职、一人多职、周例会、联席会议、村务公开等多种方式达到职责分明、事权统一，分工不分家，协同治理。

二是具体做法上的统分结合。战旗村将村民大会与村集体经济组织成员大会处理成既区分又统合的结构，而让村务监督委员会与村集体经济组织监督委员会合一，共同监督村内经济和社会事务。这种处理方式能够比较好地实现村民委员会主管的村务与村集体经济组织主管的经济事务的治理决策权、治理执行权、治理监督权的统合与协调。

三是职能工作上的统分结合。在战旗村，四大职能办中有两个办公室主要承担集体经济组织的职责，这将集体经济管理纳入村民委员会的治理体系中，将村庄公共事务与村庄经济管理结合在一个系统里，这对于将村庄的全面治理纳入一个统一体系中起着关键作用。

四是将村集体经济的头部决策和管理运营功能与村务的日常工作无缝融合，尤其是全面履行村民自治的核心制度，将村民自治的制度精神贯穿到对集体经济组织的管理和监督中去，这对于将统一治理与分散运营整合起来是很有利的。

总之，在协调村民委员会和村集体经济组织之间的关系上，战旗村提供了具体的实现路径和方法。

4. 强化集体经济的财务管理

战旗村视村集体的财务管理为命根子，不但培养了一批本村的财务人员，还专门从本区聘请了一位退休的资深财务经理做村集体的常年财务顾问。村党委书记高德敏本人就专门学过财务，做过会计，深谙经营之道。这为战旗村的集体经济组织守住了管理之门，在经营上从不冒进。宁可慢一些，看准了才出手，经营决策兼顾现实利益与长远利益，平衡收支、量入为出，从而大大降低了集体经济组织的经营风险。

5. 不宜简单模仿“战旗经验”

目前，党和政府领导下的乡村基层工作，是否承认村庄是一个主体，是否珍惜和看重这个乡村基层的活细胞，有着相对独立于政府、市场，不同于城市企事业单位和社区的独特的生长和运行规律？这一点在今天全党全国全社会支持乡村振兴的大背景下显得尤为重要，这也是战旗村带给我们的重要启示。

战旗村在多年实践中已经形成了一套完整且独特的村庄整体发展制度的基本框架，这就是承载战旗村主体性特质的软件基础设施，是乡村振兴中的“新基建”。

目前，多地到战旗村学习，战旗实践的社会影响力正在扩大。不过，各地在学习和模仿中可能要注意防止重蹈“一刀切”的旧辙。战旗村走到今天有自己的主客观条件，它不是一个可以简单复制的标准化、机械化模式，况且它自身还在不断发展中。

面对乡村振兴战略带来村庄这个微观主体的外部环境的巨变，我们还想表达这样一种看法：我们希望借重战旗村这个案例，推动实务界、政策界和理论界形成解放思想、跨界自由讨论的开放空间。比如，战旗之魂到底是什么？是什么让战旗村不唯上、只唯实，自主自营自立的？改革以来乡村行政体制、土地产权、村庄治理发生的变化，哪些经验教训是可以提炼总结甚至达成基本共识的？今日振兴乡村最大的难点到底在哪里，难道还是资金和人力匮乏吗？为什么自20世纪60年代起，同样遇到的难关、两难处境、历史旧账、纠结无限，但是战旗村仍能主要凭一己之力，解决或缓解上级不敢碰的问题?

看来，对从复杂艰苦的实践中创造出来的“战旗经验”，要给予更加认真的理解与尊重。同时，沿着小农与市场有效衔接方式的线索，持续和更深入地分析总结战旗村及其他富有生命力，且将传统与现代结合起来，进行自我改革和创新的基层智慧，无论是成功、半成功、失败还是正在探索中。而政策理论界与学术界是否应该调整自己的方位，为今后出台的政策和制度框架更多致力于保护基层的发展空间以减少逆淘汰而不懈努力。

四、同类做法

“莱西经验”：1990 年的历史总结

（一）莱西调研的缘起

1982 年秋，莱西全县（1990 年 12 月撤县设市）农村普遍推行了家庭联产承包责任制。土地分田到人，农民干自家的活儿很有积极性，但是集体空了，农机具都拍卖给个人了。大包干前，农民依靠集体，是向集体要实惠。后来不同了，资源在农户手里，村级组织得伸手向农民要了，要公粮、收提留款等。有的村支书、村干部发牢骚：“地分了，单干了，党支部靠边了。”“分田到了户，再也不用村干部。”当时，还有人对下乡调研的莱西县委组织部副部长周明金说：“大包干前咱啥都管，现在咱不知再管啥，照这样下去我们还能干啥?”当时的情况是，实施家庭联产承包责任制后，大家不再参加集体劳动，与村党组织的联系变少了。同时，农民的主体性增强了，村干部再沿用过去行政命令那一套，遇事不同农民商量，办事不公开，农民就看不上你了。

还有的群众说，“党员不党员，无非两毛钱”，指的是党费两毛钱。

周明金的汇报引起了莱西县委书记张成堂，县委副书记、县长赵克志等的高度重视，他们安排县委组织部牵头，深入全县上百个自然村进行调查。他们进农家门，问农家事，通过调研，收集一线的疑难问题，挖掘基层党员群众的创新做法。最远的地方需要骑自行车行七八十里地，到村里调研，一去就是几天，不回家，在村民家里住宿，吃“派饭”，走的时候给村民留下费用。就这样他们历尽艰辛，发现了这些散落在莱西村庄里的问题，归纳为农村基层工作存在的“三个不适应”：一是村级组织建设不适应，二是民主政治建设不适应，三是服务群众的工作不适应。农民要致富、盼服务的呼声高，但是有些村分光了集体积累，想为农民服务又缺少物质条件，村级组织失去凝聚力。而在当时，莱西参与调研的同志们并不清楚，这其实就是全国各地普遍存在的问题。

（二）莱西调研中的经验发现

县委组织部调研工作组在李家疃村发现了村支书李高芝带领党员发挥先锋作用带动村民致富的例子。这个村有村民 386 户、党员 38 人，最困难家庭有 9 个。党员大会上，李高芝号召党员把承包多年的果树园让出来给困难户，果树园就是摇钱树，树上的果子像鸡蛋大，一年的丰收景况就在眼前，可几位党员没讲二话，都举手同意了。村里新植了 100 亩葡萄，党支部成员分头动员群众承包，可是困难户因为刚栽下的葡萄一两年看不到效益，不愿承包，李高芝就动员党员先承包，而且事先约定两年后葡萄丰收后要转给困难户。两年后，15 名党员根据先前的约定全部退出承包，把自己养肥了的葡萄园拱手让给困难户。由此党支部获得了全村人的认可。困难户说，咱要脱贫致富，一步也离不开党支部。李高芝当时还带领村集体办企业，大大小小的村办企业有 18 家，实现了村民收入和村集体收入“双提升”。

莱西还有一个老模范——村支书王顺寿，他带领的后庄扶村在大包干之前，都以小队为出工单位，村抓队，队抓户，步步紧扣；在大包干之后，干活儿都是以家家户户为单位，少了利益驱动，这时就更加需要村党支部直接发挥作用。王顺寿对来调研的周明金说：“村集体不能一分了之，没了村集体经济，就像灶膛里没了柴火，这一大锅水还能烧得开？俗话说得好，心里没谱，拉不了二胡。集体经济肥了，党支部才有号召力。”王顺寿一方面带上全体党员组织村民出工筑水坝、打机井、修田渠，让后庄扶村的农田旱能灌、涝能排；另一方面把科技人才请到田间地头，引导农民科学种田。村党支部做的件件事都是个体农户做不了做不好的事，当然得到了农民的拥护。为了全村致富，王顺寿走一步看十步，办起了一系列村办企业。1981 年兴办的村面粉厂至今还在，但是机器更新换代三次了。不过，给村民磨面的小机器一直没有被淘汰。现在后庄扶村的面粉远销省内外，每年给村里提交的利润就有近百万元。后庄扶村的村办养鸡场如今发展成为赫赫有名的农业产业化国家重点龙头企业——九联集团。后庄扶村和九联集团还形成了“村企合一”融合发展的党建工作模式，促进了村企互惠共赢。党的十九大召开以来，他们还打造“村企共建”模式，九联集团党组织成员与村党支部成员交叉任职，通过“企业党支部+村党支部”的“支部联建”方式，完善企业村庄互动交流和决策议事机制。

牛溪埠村大包干之初也有“阵痛”，村民一夜之间似乎与村干部形同陌路，党支部一时孤掌难鸣。当过兵的唐成功书记在党员大会上说，村民觉得咱用处不大，那咱就靠上去，设身处地为他们想、为他们干。在他的带领下，村集体设立了农业综合服务站，陆续建起了农机服务组、农技服务组、水利灌溉服务组等，还有了化肥库、农药库、种子库。村民把服务站比喻成针线笸箩、百宝箱，农民需要啥，就来拿啥。村里的小学年久失修，他们通过向村民筹集修缮资金这件事，发现有的普通村民人缘好，会办事，大家信得过，几天就给村里筹集了两万多元钱。如果能让他们以“农户代表”的身份出来“参政”，许多事情就好办了。于是，村“两委”因势利导，建立起“农户代表”制度，让农民“参政”，请出8名村民作为村民议事会代表，为农民说话、办事，反映下情、传达上情，在干部和群众之间架起了桥梁。

就这样，莱西以“抓基层、打基础、强化村级、工作到户”为指导思想，从大调研起步，发现了很多问题，也找到了基层村庄自己解决问题的创新方法，形成了“莱西经验”的雏形。

（三）“莱西经验”的形成

1985年到1987年，针对在大调研中发现的问题和创造的经验，莱西县委、县政府重点进行了三项工作：农村党组织的整顿和党员教育；集体经济的发展和服务体系的建立；村民委员会、共青团、妇女和民兵组织的整顿和健全。莱西建立了三级农村干部培训网络。把村级工作分为三项，包含29个指标，由党支部分配到村级各个组织，各个组织再分解到每个村干部，逐级签订责任书，年终评比兑现，还按照固定工资、奖励工资、扣除工资，对农村干部实行结构工资制。

从1988年开始，莱西认真贯彻落实《中华人民共和国村民委员会组织法（试行）》，开展了以“村务公开、民主办理、村民监督”为主要内容的农村民主政治建设。莱西县委规定，每个村都要将财务收支、农用物资分配、提留集资收缴、义务工分摊、计划生育和建房审批等村民关心的热点问题定期公开，并探索实行“两公开一监督”，即公开办事制度、公开办事结果、接受群众监督。

从1989年起，通过对抓村级建设工作的总结和回顾，莱西县委逐步理清了村级建设的基本思路，以村级组织建设“三配套”为主要内容的“莱西经验”成型了。这就是以党支部建设为核心，搞好村级组织配套建设，强化整体功能；以村民自治为基础，搞好民主政治配套建设，启动内部活力；以集体经济为依托，搞好社会化服务配套建设，增强村级凝聚力。

（四）1990年莱西会议总结推广“莱西经验”

莱西在村级组织建设方面的实践经验，引起了山东省委乃至党中央的高度重视。青岛市与山东省委、省政府先后在莱西召开了村级建设工作座谈会，推广“莱西经验”。1990年4月，中央组织部、中央政策研究室、民政部等中央部委的领导同志组成多个考察组，专程到莱西听取了汇报并进行了实地考察，形成了一个总报告、四个子报告，肯定了“莱西经验”，认为莱西遇到的问题是全国性的问题，“莱西经验”无疑具有普遍的意义，对于确立新时期党在农村工作的基本内容和工作方式，做出了比较系统的回答，对于建立党和国家稳固的农村政治基础和社会基础，从而为各地解决村级组织建设问题，提供了一个可供选择的方案。

1990年8月5日至10日，全国村级组织建设工作座谈会在莱西召开。中央组织部、中央政策研究室、民政部、共青团中央、全国妇联等五部委共同在莱西召开全国村级组织建设工作座谈会，史称莱西会议。莱西会议推广了农村基层组织建设“三配套”经验，统一了全党改革开放新形势下加强农村基层组织建设的思想认识，确立了党支部在农村基层组织建设中的领导核心地位，形成了以党支部为领导核心的村级组织配套建设总体思路和工作格局，有效解决了长期以来存在的村级基层组织建设“谁来抓”的问题。莱西会议肯定了以村民自治为基础，加强村级民主政治建设的必要性，在党的农村基层组织建设史上具有里程碑意义。

莱西会议首次明确提出的“村党支部是村级各种组织和各类工作的领导核心”写进了中央文件。党的十五大首次把村民自治的核心内容即民主选举、民主决策、民主管理、民主监督写进了党的工作报告。党的十五届三中全会通过的《关于农业和农村工作若干重大问题的决定》，把村民自治作为与包产到户、乡镇企业并列的三个伟大创造之一。

2013年11月，习近平总书记在山东考察结束时发表了重要讲话。他指出：“发端于莱西的村级组织配套建设，在全国起到了很好的示范引领作用。希望山东增强进取意识，勇探新路。”

2018 年 12 月，在庆祝中国改革开放 40 周年大会上，百名改革先锋受到表彰，农村基层党建方面涌现出的“莱西经验”的实践创新者周明金名列其中。

链接资料

1. 国家莱西村级组织建设经验考察组. 重新组织农民：当代农村发展基本课题的系统解答：山东莱西村级组织建设考察报告 [J]. 党校科研信息，1990（17）：6－8.
2. 杨团. 综合农协：中国“三农”改革的突破口. 2020—2021 年卷 [M]. 北京：中国社会科学出版社，2021：57－88.
3. 赵希胜. “莱西会议”回顾及新时代深化拓展“莱西经验”的建议 [EB/OL].（2022-11-30）[2023-12-10]. http://www.laixi.gov.cn/xwzx_16/lxyw_16/202211/t20221130_6526949.shtml.

五、邀你共议

1. 发展壮大村集体经济与村庄各类服务之间是什么关系？

2. 比较战旗村和你所在的村庄在集体经济发展上有哪些相同与不同之处？

3. 村庄治理与集体经济治理是一回事吗？

4. 集体经济治理与集体经济管理有什么不同？

第五章

从战旗村的实践看村庄治理

什么是村庄治理？本书第一章讲了按地域、治理对象和治理主体划分的三种含义。从不同的含义出发，人们对村庄治理的理解会不大一样。特别是对于第三种含义——村庄治理主体是谁——在认识上的分歧较多。一种观点将村庄视为治理的客体。主体是乡、县政府，龙头企业或支持乡村振兴的社会力量，他们是村庄的外部力量，无论是政策、资金、项目、人才，还是管理和经营，几乎都来自他们，村庄只是被动地接受这些安排。持这种意见的人还认为，中国目前的大多数村庄都是这种状况，现存的就是合理的。另一种观点认为，村庄治理的主体是村庄自己，不是村庄之外的力量。尽管村庄内外环境的打造、村民利益的实现确实离不开这些外部力量，但是从本质上看，从长远来看，为了实现村庄的可持续发展，一定要让村庄自己成为发展的主体。外因通过内因起作用，这才是村庄治理的精髓，才符合马克思辩证唯物主义的世界观和方法论。尽管大部分村庄可能暂时还做不到以自己为主体做好乡村治理工作，但只要确定目标，朝着村庄要成为自己的主体，建立全面治理的村庄体系的方向努力，党领导下的村集体就有了为实现这个目标而努力奋斗的不竭动力。战旗村 20 多年的奋斗史就是鲜明的例证。

一、村庄治理以谁为主体

村庄治理的本意，想表达的就是村庄要由内部人进行自我治理，这也是《村民委员会组织法》所规定的村民自治的含义。村庄的自我治理是自治性的治理，一定要在党的领导下和村集体经济的支持下进行。1990 年莱西会议所总结的“党的领导、村民自治、集体经济”的“莱西经验”就是做好村庄治理工作的精髓所在。

村庄发展得怎么样，能不能实现本地域内长期可持续的农民共富、和谐稳定，必须依靠涵盖全体成员的村集体组织。特别是遇到农用地被征用、建设用地被划拨等直接涉及村民和村集体主体利益的村内大事时，若村集体不能站出来代表农户，为维护集体土地所有权和农户耕地使用权表达利益诉求，仅仅依靠外部力量规定的方案，则很难期待政府与企业之间、村集体与村民之间能够达到公平、公正、共赢的利益平衡局面。众多分散的农民个体在没有通过良好的组织化成为村民集体之前是很难形成集体利益的诉求和付诸集体行动的。村庄治理的主体无疑应当是集体而不是分散化的村民个体。

（一）谁是村庄治理的集体主体？

集体是由个体组成的。个体按照自己的意志，组成多个不同性质、不同类型的集体。根据《村民委员会组织法》和《农村集体经济组织法》，我们国家的村级组织有两个法定的村集体主体：一是村民大会，一是农村集体经济组织成员大会。它们都是依法行使村级集体权力的机构。那么，哪个集体是代表村民个体进行村庄治理的主体？

这两个村级的集体主体有什么异同？

首先，成员有所不同。《村民委员会组织法》规定的村集体，村民资格依法由具有本村户籍来确定，《农村集体经济组织法》规定的村集体经济组织成员的资格，依法由户籍以及与集体所有的土地等财产建立稳定的权利义务关系来确认。可见，确定成员的原则是有先后顺序的。

村集体经济组织的成员必须先拥有村内的户籍，具备村民资格，没有村民资格的人谈不上集体成员资格。不过，有了村民资格的未必一定有集体成员的资格。例如，有些在村里居住一年以上的外来人，被村民大会授予了新村民资格，但是他们与村集体所有的土地等财产无关，不具有集体经济组织成员资格。所以，村民资格是集体成员资格的必要条件。由于各地社会经济发展和相应制度政策改革的情况各不相同，现在农村中的村民集体已经出现了多种形式，因而村民集体不一定就是建立村集体经济组织的前提和必要条件。在村改居的城镇化进程中，城市周边的街道办事处同时下辖居民委员会和村民委员会的情况大量出现。机构合并后，一个居民委员会里也会出现三种组织形态共存的现象：既保留原来的城市居民委员会，其成员是没有土地的纯粹的城市居民，又有村改居后新并入的村民委员会，甚至还夹杂自然村的村民小组管理委员会。后两种组织的成员是有土地或曾经有土地的农民。显然，在这种复杂情形中，村民集体已经演化为半城半乡的集体，是本区域内居住人口或者常住人口的聚合体。而在其间依法设立的农村集体经济组织则代表历史上那些曾与集体有过土地等财产关系，有资格被赋予集体资产收益权份额的村集体成员。

一般来说，村民的范围总是大于集体成员的范围，而农村集体经济组织成员都必须先具有村民资格。

其次，法定的权责有所不同。根据 2018 年修正的《村民委员会组织法》，村民会议决定一切与村民利益相关的事项，无论是经济还是社会、文化，其中都包括“从村集体经济所得收益的使用”。这就是说，村集体经济也属于村民集体的权力范围。不过，2024 年出台的《农村集体经济组织法》已经将《村民委员会组织法》授予村民会议行使的经济类权力，土地承包、宅基地使用、村庄投资等事项全部归给集体经济组织成员大会了，相当于将经济类权力从村民会议中分出来了。两法并行，将出现村民集体和集体经济组织两个集体主体长期并列的格局，这意味着农村基层的集体组织，经济权力与政治权力、社会权力、文化权力将会分立。

（二）出现两个村级法定集体主体的历史原因

在农村，集体经济组织的产生远早于村民集体组织。1962 年，中国共产党第八届十中全会正式通过了《农村人民公社工作条例（修正草案）》（以下简称《人民公社六十条》），申明了人民公社是社会主义的互助、互利的集体经济组织；规定了人民公社、生产大队、生产队三级所有，基本核算单位在生产队；人民公社的各级权力机关，是公社社员代表大会、生产大队社员代表大会和生产队社员大会，管理机关是各级管理委员会，监察机关是各级监察委员会。《人民公社六十条》还规定，人民公社是政社合一、权力集中的组织，对农村基层的经济、社会、文化实行全面管理。耐人寻味的是，直至今日，《人民公社六十条》并没有被废止。而《农村集体经济组织法》规定，农村集体经济组织可以在乡镇级、村级和村民小组级设立，这正是对《人民公社六十条》“三级所有、队为基础”的历史延续。

但是，改革开放以来，土地承包到户，集体拥有的各类集体资产当时都分给了个人，集体组织随着集体经济的消失而瓦解。集体事务没人管，村内矛盾纠纷频发。1980 年，广西壮族自治区河池市宜州区合寨村的农民自发组织起村民委员会，自己调解纠纷。这种来自群众的创造被党中央发现后，推动了《村民委员会组织法》的立法。由此可知，《村民委员会组织法》立法的最初目的是填补农村基层公共力量的空白，解决村庄的社会问题、政策问题，后来权力行使范围扩大到经济管理，拓展为包括原由生产大队、生产队集体经济组织管理的土地承包、宅基地使用、集体企业投资等经济功能在内的全面的农村治理。应该说，这与人民公社从解决经济发展问题入手拓展为覆盖五保户、卫生站、村小学等教育文化、社会服务的全面治理的开头不同、发展路径不同，但是最终都走向综合治理的结果是相同的，可谓异曲同工。

1987 年，《村民委员会组织法》颁布，1998 年正式施行。后来根据新的发展要求，在 2010 年和 2018 年分别做了两次修正。在修正版中，特别将“管理本村属于村民集体所有的土地和其他财产，引导村民合理利用自然资源，保护和改善生态环境”，“尊重并支持集体经济组织依法独立进行经济活动的自主权，维护以家庭承包经营为基础、统分结合的双层经营体制，保障集体经济组织和村民、承包经营户、关联户或者合伙的合法财产权和其他合法权益”等经济职能明确列入了村民委员会职责范围，还将涉及农民利益的重要经济事项，如“从村集体经济所得收益的使用”“土地承包经营方案”“村集体经济项目的立项、承包方案”“宅基地的使用方案”“征地补偿费的使用、分配方案”“以借贷、租赁或者其他方式处分村集体财产”等，都规定为“经村民会议讨论决定方可办理”的事项。显然，集体经济组织在村民委员会管辖范围之内。

农村集体经济组织是何时进入国家的政治视野，成为独立于村民委员会的地区性经济组织的呢？

2016 年年底，党中央、国务院颁发推进农村集体产权制度改革的重磅文件，提出要“明确农村集体经济组织市场主体地位”，“抓紧研究制定农村集体经济组织方面的法律，赋予农村集体经济组织法人资格，明确权利义务关系，依法维护农村集体经济组织及其成员的权益”，还突出提到要“发挥农村集体经济组织功能作用”，“因地制宜探索农村集体经济有效实现形式”，“探索明晰农村集体经济组织与村民委员会的职能关系，有效承担集体经济经营管理事务和村民自治事务”，等等。2022 年 12 月和 2023 年 12 月，全国人大先后发布《农村集体经济组织法（草案）》及其二审稿，公开征求社会公众意见。2024 年 6 月 28 日，第十四届全国人民代表大会常务委员会表决通过了《农村集体经济组织法》。国家重新提升农村集体经济组织的政治地位，是为了维护来之不易的中国农村改革成果，以建设农村集体经济组织、发展壮大新型农村集体经济为导向，引领中国农业农村经济和乡村治理走向正确方向。

这是国家审时度势提出的重大战略举措。

《村民委员会组织法》自1998年正式施行至今，已经30多年了。其间，大部分村庄并没能将集体经济发展起来，反而在全国范围内出现集体经济整体大幅度下滑的危机。一部分村干部利用职权，将集体经济变为干部经济，出现多吃多占甚至经济腐败的现象。某些村干群关系出现疏离的情况。究其原因，不能不说，社会大环境的巨变是引发各种社会问题的土壤。

一个时期以来，全国弥漫着唯市场论、唯经济论、GDP至上，只要能挣钱、挣大钱就受到顶礼膜拜的拜金热潮。这种外部环境对于弱势的农村基层和基层组织是巨大打击。2003—2006年推行农村税费改革，村级集体组织不仅丧失了最后一点自主资源，而且失去了可与村民建立关联的村务纽带，这是导致农村后来每况愈下的内发原因。新时期尤其是2012年以来，南方地区特别是沿海一带城镇化、工业化快速发展，农村集体经营性资产总量快速上升，迅速拉大了南方与北方、沿海与内陆农村地区的经济发展差距。2015年年底，全国农村集体经济组织账面资产总额（不包括资源性资产）已高达2.86万亿元，村均为493.6万元。其中，广东、浙江、江苏等五省市资产总额为2.16万亿元，占全国农村集体资产总额的75.5%，村均为929.5万元。2015年比2012年年底的全国农村集体经济组织账面资产总额2.2万亿元增长了30%，村均资产增长了33.7%，五省市占村集体资产的比重提升了15个百分点。还有，农村集体组织的净资产占农村总净资产近70%，其中土地资产占农村总净资产近70%。集体净资产归个人经营、使用部分占80%以上①。一些报刊公开披露，2015年，上海农村集体资产分红达12.7亿元，浙江省农村集体资产分红达46亿元。不仅南北差距越拉越大，而且很多南方地区乡村中这些庞大集体资产的权属并不清楚。因为那里的农村集体经济组织的主体制度是企业股份制，资产由个人经营，分配由少数人说了算，属于内部人控制，因而难免陷入集体资产流失或被私人侵占的风险之中。

其实，早在2014年年底，在党中央关于农村集体经济产权制度改革的讨论会上，习近平总书记就提出过改革必须恪守两个要点：要把集体经济的家当搞清楚，不能让少数人暗箱操作、内部控制，借机侵吞；推进改革绝不允许外部的资本大鳄侵吞集体资产。

随着时间的推移，中国农村集体经济越来越濒临险境的状况引起

---

① 国务院发展研究中心农村经济研究部:《集体所有制下的产权重构》，中国发展出版社，2015。

了党中央、国务院的高度警惕和重视。2016 年年底，中共中央、国务院出台了关于推进农村集体产权制度改革的文件，并且下决心推进农村集体经济组织立法，用农村集体经济组织法人化和建立法人治理结构的方式正本清源，以引领新一轮农村改革，推动新型农村集体经济发展壮大。

二、如何定位农村集体经济组织

2015 年，农业农村部在全国部署集体资产产权制度改革试点，2016 年中央关于农村产权制度改革的文件出台后，自 2018 年至 2020 年，连续发布相关配套文件，包括农村集体经济组织登记注册办法、示范章程等，并在全国范围内直接推行以行政村为主导的乡镇级、村级和组级农村集体经济组织登记注册。

（一）农村集体经济组织是股份经济合作社吗？

2016 年年底，中央发出的推进农村产权制度改革的文件，将推进农村集体经营性资产股份合作制改革，集体经营性资产确权到户，以股份的方式量化到人作为重点。这是农业农村部出台登记注册配套方法的依据。因此，全国各地主持农村集体经济组织登记的县农业农村局，将集体经济组织的登记名称都固定为某县某乡某村经济合作社、股份经济合作社或联合社，并用来推动“资源变资产，资金变股金，农民变股东”的三变改革。当时，集体资产确权到户已经被列入“五路进财、支持农民收入增长”中的一路。

农村集体经济组织的资产是不是要用股份量化的方式确权到户，

这个做法在《农村集体经济组织法》中已经做了修正。农村集体经济组织的章程要载明“集体经营性财产收益权的量化与分配”，“国务院农业农村主管部门可以依据本法制定集体经营性财产收益权量化的具体办法”。这是因为，“集体财产依法由农村集体经济组织成员集体所有，由农村集体经济组织依法代表成员集体行使所有权，不得分割到成员个人”。

可见，凡属于农村集体经济组织的财产，无论是土地还是地面上的企业设施等经营性财产，都是不能按股份方式量化给个人的，可以量化的是经营性财产的收益权份额。它的意思是，当集体财产经营后产生了收益，在集体成员中进行分配时要有依据，收益权量化份额只是分配时的依据，并不是对集体财产即土地和经营性资产产权的量化分配。集体经济组织登记为股份合作社，混淆了实行股份制、资产归股东所有的《中华人民共和国公司法》与实行集体所有制、资产归全体成员所有的《农村集体经济组织法》之间的本质区别。

早在2018年，中央农村工作领导小组的负责人陈锡文在回答《瞭望》杂志记者提问时就提出过，农村集体经济组织有两大基本特征：一是集体的资产不可分割到个人；二是集体组织成员享有平等权利。所以，农村集体经济组织并不是共有制经济组织。法律规定，共有资产可以分割到人，也可以转让共有人持有的资产份额，因此共有制经济的实质是私有经济。集体产权制度改革，并不是使农村集体经济组织的资产从“共同共有”变成“按份共有”（资产量化到个人）。因为无论是“共同共有”还是“按份共有”，都属于共有制的私有经济，而不是我国农村的集体经济。他还指出，农村集体经济组织不是公司、企业性质的经济组织。法律关于公司、企业发起、设立的规定完全不同于农村集体经济组织。在现实生活中，公司、企业破产、兼并、重组等情形不可避免，但农村集体经济组织不适用有关破产法律的规定。农村集体经济组织本身不能改制为公司企业，是“可以依法出资设立或者参与设立公司、农民专业合作社等市场主体，以其出资为限对其设立或者参与设立的市场主体的债务承担责任”。此外，集体财产还包括“集体投资兴办的企业和集体持有的其他经济组织的股权及其他投资性权利”。

关于集体经济组织是不是股份制或者股份合作制经济组织的问题，陈锡文特别谈到，党和国家从来没有讲过要把农村集体经济组织改制为股份制经济组织，因此对“股”的概念必须讨论清楚。一般意义上的“股”，代表的是资产，持有者有权依法对自己持有的“股”进行处置。但集体产权制度改革中出现的所谓“股”，其实只是指每个成员在集体资产收益中的具体分配份额，因为集体的资产是不能分割给个人的。对于“股”，农村基层作为约定俗成的口头表达，问题不大。但在制定政策和法律时应当对此有清晰、规范的表述，否则容易混淆农村集体经济组织的性质。

的确，名称并非一定能代表组织的实质，但名称却也有可能引起人们对组织实质的认识混淆不清。

战旗村在 2019 年，按照郫都区农业农村局的要求，登记为战旗村集体股份经济合作社联合社，2020 年金星村并入战旗村后，又将名称改变为联合总社。这个股份经济合作社的股份是谁的呢？又是谁和谁合股呢？对于战旗村来讲，全村土地和村集体经营性资产全部集中到村集体手里，归集体成员共有，所谓股份只是收益权分配的份额。例如，战旗集体资产管理公司由村民议事会全体成员发起，村集体经济组织成员均为股东，注册按 1 人持股 1 万元，注册资金 1 704 万元（并未实缴），年底按持股量分红。当时的老战旗村大人小孩一共 1 704 人。可见，无论是资产管理公司还是集体股份合作社的登记，都名不副实。但按照当时的政策要求，他们只能这样做。在南方一些地区，自 20 世纪 80 年代就开始实行股份合作制，不仅土地，连集体经营性资产都确实以股份的形式量化到成员个人的村庄比比皆是。早在 2016 年以前，不少村庄就在工商部门登记了村集体合作社或者股份经济合作社。

战旗村自创的这个集体经济资产收益权份额量化的方法，是应集体土地自主改革的实践需要而被“逼”出来的。2009 年，战旗村进行住宅集中，土地全部归集体收储。当时有关人员下功夫去测各家各户的农地、宅基地面积，但是实测结果与档案数据差异巨大，很难确定如何解决。不仅宅基地面积差异很大，生产队各自的耕地总量和区位数据也是实测数据与账面数据存有差异。为了做到公平分配，大家天天骂架扯皮，开了很多次村民大会都没结果。最后，村“两委”提出建议，按人按户平均分。意想不到的是，这个建议大家反而都同意了。2011 年，成都市进行农村产权制度改革，战旗村趁机把全村的农用地、宅基地做了权属调整，制定了集体经济组织成员身份确定办法，按成员人口重新分配农用地和宅基地。农用地、宅基地都是理论确权，每个集体成员无论大人小孩，分得 1 亩 1 分 3 厘 7，每户宅基地分得 80 平方米。这是按照村情用计算机算出来的数据，大家都认可。这个数据仅用于集体成员的收益分配，所有土地（包括农用地、宅基地、林地、非利用地等）使用管理权都集中在村集体，由村集体按照规划统一管理。

显然，这个量化数据不是村集体分给个人的资产股份，而是集体成员享受集体收益权的份额，而且人人平等。战旗村按照村民大会通过的决议，每年分四个季度发给村民土地费，年底根据集体经济的经营情况再增发分红。

（二）作为特别法人的农村集体经济组织，特别在哪里？

《农村集体经济组织法》第二条指出："本法所称农村集体经济组织，是指以土地集体所有为基础，依法代表成员集体行使所有权，实行家庭承包经营为基础、统分结合双层经营体制的区域性经济组织，包括乡镇级农村集体经济组织、村级农村集体经济组织、组级农村集体经济组织。"

该条文对农村集体经济组织的法律地位进行了定义和概括，也奠定了它作为特别法人的法理基础。

集体经济组织的特别法人含义，在这部法律中的表述主要是设立农村集体经济组织不得改变集体土地所有权，其要点主要是：(1) 集体土地所有权依法不得转让； (2) 不适用有关破产法律的规定；(3) 集体财产不可分割到个人；(4) 以其出资额为限对其设立或者参与设立的市场主体的债务承担责任；(5) 农村集体经济组织成员大会由具有完全民事行为能力的全体成员组成，是本农村集体经济组织的权力机构，具有十三款职权，重点是组织、规划、土地经营，发展壮大农村集体经济，促进农民共富和支持村民自治。

如果将农村集体经济组织法人与农民专业合作社或公司法人相比

较，那么作为具有特殊性的市场主体，与市场一般主体的不同点主要有三点：

一是法律主体性质不同。农村集体经济组织法的法律主体是法律规定的农村集体经济组织成员集体，而《农民专业合作社法》或《中华人民共和国公司法》（以下简称《公司法》）的法律主体是个人意志自组织起来的私人性质的法人主体。

二是设立的性质、目的、程序和条件不同。农村集体经济组织法人是为了维护成员集体的共有财产和成员集体的公共利益而设立的，以促进农民共富、城乡共融为目标，而且要增强自己的经济实力，支持村民自治，对所在地公共秩序和公共安全进行保护。而合作社法人和公司法人是以个人权利和经济利益为基础组建的，以获得盈利为目的。农村集体经济组织法人的设立程序和条件在《农村集体经济组织法》中有明确规定，不同于公司或合作社。

三是权益结构和经济管理方式不同。《农村集体经济组织法》规定，集体财产所有权依法由成员集体所有，不可分割到个人、不可转移和出售，在集体财产的管理和经营上也存在一定特殊性，例如必须保全集体资产不被流失等。而农民专业合作社法人和公司法人的财产本来就是个人合股形成的，股权可以在市场上自由转让、拆分，股东享有相应的权利和利益。可见，这两类法律所保护的主体利益以及主体行为的出发点是不同的。

> 专栏
>
> 第六条　农村集体经济组织依照本法登记，取得特别法人资格，依法从事与其履行职能相适应的民事活动。
>
> 农村集体经济组织不适用有关破产法律的规定。
>
> 农村集体经济组织可以依法出资设立或者参与设立公司、农民专业合作社等市场主体，以其出资为限对其设立或者参与设立的市场主体的债务承担责任。
>
> 第三十六条　集体财产依法由农村集体经济组织成员集体所有，由农村集体经济组织依法代表成员集体行使所有权，不得分割到成员个人。
>
> ——摘自《中华人民共和国农村集体经济组织法》，2024

《农村集体经济组织法》与《农民专业合作社法》《公司法》是不同种类的法律，法人也是种类不同的法人。

《农民专业合作社法》和《公司法》说到底是维护个人利益、私人财产的法律，所以在法律种类的划分上，被归入私法范畴。私法是与公法相对应的。为了维护国家主权和公共利益，确保公共秩序和国家安全的法是公法。公法属于国家行为与公共利益的领域，公法人是以发展公共事业为目的设立的法人。

农村集体经济组织法人显然不是农民专业合作社、公司一类的私法人，但也不应该属于公法人。它具有公共性，但是只限于一定地域之内。无论是乡镇、村庄还是村民小组的集体经济组织法人，都有明确的地理界限和成员限定。它实际上是属于私法人和公法人之间的中间法人。它既要维护本地区范围内属于成员集体的共有资源、资产和成员集体的共同利益，这属于公的一面；又要以独立法人身份参与和一般主体在市场上的经济竞争，这与私法人的市场行为有一定的类似性。因此，这两个方面的属性在农村集体经济组织法人内部并存。那么，除了现有的原则规定之外，农村集体经济组织到底应该怎么做市场经营，就非常需要在大量实践积累的基础上，根据农村集体经济组织的特殊性，由法律进一步做出更明确、更详细的规定。

三、如何看待农村集体经济组织和村民委员会的职能关系

（一）基层群众性自治组织法人也是特别法人

按照《中华人民共和国民法典》对特别法人的规定，不只是农村集体经济组织法人属于特别法人，像基层群众性自治组织法人，也就是村民委员会和居民委员会，也属于特别法人范畴。

> 专栏
>
> 第九十六条 【特别法人的类型】本节规定的机关法人、农村集体经济组织法人、城镇农村的合作经济组织法人、基层群众性自治组织法人，为特别法人。
>
> ——摘自《中华人民共和国民法典》，2021

那么，怎么理解基层群众性自治组织法人也是特别法人呢？

我们也从法律主体、性质和内容的角度来看它和一般社团法人的区别。

依照《村民委员会组织法》，它的法律主体是依法组成的村民集

体，通过村民大会表达村民的意志，由村民选举产生的村民委员会具体执行。这和一般自组织的农村社团的法律主体显然不同。

它们在法人性质、目的和功能上的区别更大。由村民委员会依法执行的农村基层自治组织法人的功能有四大类：一是公共服务功能。负责本村的公共事务和公益事业、人民调解、治安保卫、公共卫生与计划生育，维护社会治安。二是四项民主的自治功能。贯彻村民自治中的民主选举、民主决策、民主管理和民主监督。三是行政功能。协助乡镇政府开展工作，向政府反映村民的意见、要求和提出建议。四是协调和支持多主体促进社区综合发展的功能。要尊重并支持集体经济组织依法独立进行经济活动的自主权，要支持和组织村民依法发展各种形式的合作经济和其他经济，要支持服务性、公益性、互助性社会组织依法开展活动并做好本村生产的服务和协调等工作。

而一般社团组建的目的是单一的，功能是有局限的，即便是公益社团，其公益活动和行动范围也是受限的。

改革开放以来，随着国家行政职能改革，权力下沉至基层，村民委员会担负起了越来越多的公共行政职能，其工作范畴和性质远远超出村民自治组织的范围，越来越具有明显的政治性、政策性、公益性和综合性。因此，用西方法律体系中规定的法人的基本原则看待中国的村民委员会和农村集体经济组织就不相适应了。这并不见得我们自已出了问题。迄今为止，仍有不少人将现实中出现的问题归咎于我们的法律规章和组织行为不符合西方的所谓“普世原则”。只要有问题，他们就认为是我们自己出错了，法律的规定有错误。他们却没有进一步思考：我们的做法到底是不是符合中国自己的实际情况和现实需要？我们的规定是不是从这种实践中提炼出来的？是不是在不断试错的过程中逐步改进的？如果不将重心放在如何让我们的可行做法在实战中更能行得通，我们制定的法律更能保护我们行得通的做法，而是成天拿着我们的法律规章与西方比较，总认为人家的好，那么我们将很难走出自己画出的窝巢。

习近平总书记在2023年6月举行的文化传承发展座谈会上曾经这样讲，要坚定文化自信，坚持走自己的路，“用中国道理总结好中国经验，把中国经验提升为中国理论，既不盲从各种教条，也不照搬外国理论，实现精神上的独立自主”。

发展中国农村集体经济与这个道理是一样的。我们不能盲从西方的产权理论和股份制，而应该坚持从实践中来，到实践中去，努力发掘自己的实践之根。特别是要从中华文明悠久的历史渊源中发掘我们的文化之根，用中国方式讲清中国发展集体经济做法中的道理，把中国集体经济发展的经验总结提炼成科学理论，在改革开放不断试错的过程中，逐步探索中国式的农村集体经济发展道路，在农村发展中体现我们的自主性和主体性。

（二）农村集体经济组织和村民委员会的关系再讨论

在第三章中，我们讨论过农村集体经济组织和村民委员会之间的关系问题。我们以战旗村的实践探索说明了在村党组织的领导下，村民委员会和集体经济组织两个组织既相互融合又职能分立，可以形成协调统一的治理核心。我们阐述了战旗村在制度设计、具体做法、职能分工上的统分结合，还特别说明战旗村如何运用人事机制实现不同权力主体在分散行使中的相互制衡，以及如何将头部决策和管理运营与村务日常工作实现无缝衔接。

在本章第一部分，我们回顾了中国农村基层的集体经济组织和村民集体组织这两个集体先后出现、迂回曲折发展的历史，发现它们都具有集体组织的整体性。也就是说，它们都是全功能的组织。当年的人民公社、生产大队、生产队是全能组织，后来的村民委员会也是全能组织。而全能并不等于权、能（决策权与职能）不分，也不等于人事上的选、聘（选任和聘任）不分。

毛泽东同志在亲自撰写的《工作方法六十条》中说："大权独揽，小权分散。党委决定，各方去办。办也有决，不离原则。工作检查，党委有责。"大权独揽是一个成语，习惯上往往指的是个人独断。毛泽东同志在此借用这个成语时，指的却是主要权力应当集中于中央和地方党委的集体，用以反对分散主义。他反问："难道大权可以分揽吗?"所谓"各方去办"，"不是说由党员径直去办，而是一定要经过党员在国家机关中、在企业中、在合作社中、在人民团体中、在文化教育机关中，同非党员接触、商量、研究，对不妥当的部分加以修改，然后大家通过，方才去办"。第三句话里所说的"原则"，指的是党是无产阶级组织的最高形式——民主集中制，要实现集体领导和个人作用的统一。

用这个思想看集体组织，类似"统分结合的双层经营体制"，在农村集体组织的法人治理结构上，既要有"统"，又要有"分"，"统"与"分"之间要平衡，平衡不仅体现在同一层级上，还体现在层级之间。例如，权力机构、执行机构、管理机构的职能是统合职能中的纵向分层职能，而且一个管着一个，形成权力在纵向上平衡的逻辑链条。而执行即委托代理机构这一层当中，执行组织和监督组织之间，形成权力在横向上的制衡功能。至于管理层和管理机构管辖的运营或经营职能，特别要注意职能履行中以及不同主体间的统分结合。管理机构要进行集体经济组织财务的统一管理，要与很多不同的市场主体谈合资合作，就是要求权力集中而不是权力分散。但是签订合同之后，每个经营主体独立经营，这就是经营权力的分散。经营权力的分散也不能离开原则。集体经济组织全资企业和控股企业的经营必须依据管理机构的规定行使权责，以保障集体财产的安全，而且必须接受第三方监督机构的监督。这就是以统分结合概略说明处理相互关联但又不同的组织机构或主体间相互关系的原则。

同样地，村级范围内的两个集体组织之间的关系也可以用统分结合的原则说明它们之间横向的制衡与协调的关系，还有纵向的权力机构与执行机构和管理机构之间的权力统合与分散的关系。

既然两个村集体组织都有退出历史上曾经有过的权能职能，成为各掌一方的权力主体的经验，就有可能形成两个村集体组织之间新的协调共治关系，让村民自治功能与集体经济组织的管理和经营功能相互成就。

问题是，村级集体组织的这两个法人并列，有两套治理机构，分别承接行政事务和经济事务，产生了矛盾后如何解决？现在正在执行中的解决矛盾的主要办法是，村党组织书记通过法定程序，兼任村委会主任和村集体经济组织理事会理事长，以及村党组织、村民委员会、村集体经济组织的干部交叉任职。这是通过特别的人事制度设计来解决权力集中与职能分散的矛盾的。

目前，这的确是缓解矛盾的一个重要方法。不过，这对于党组织一把手人选的要求非常高，大部分村庄不具备这样的人选；村级治理组织的工作负担极重，特别是上级要求高、检查多、压力大，而待遇与他们所承担的工作的质和量相比大大偏低。此外，集体经济组织瓦解后重建没有几年，工作怎么做，还需要一段时间的探索。

现在，国家固然通过立法加强了村集体经济组织的顶层制度设计，但是赋予主体的权力不足，发展空间狭小，大部分直接涉及集体经济的事项还是由地方政府负责决定的。这些因素的存在对于农村集体经济组织和新型集体经济的顺利发展很不利。

2020 年，国家宣布脱贫攻坚取得全面胜利，现行标准下 9 899 万农村贫困人口全部脱贫，832 个贫困县全部摘帽。自 2021 年起，乡村工作开始进入新时期——巩固拓展脱贫攻坚成果同乡村振兴有机衔接的时期。但是几年过去后，我们发现有些地区贫困村返贫现象还比较严重，解决农村社会经济发展可持续的问题将是持久战。立法固然非常重要，但是未来农村集体经济组织的执法实践更为重要。中国需要一批优秀的农村集体经济组织在实践中奋勇争先，敢于探索、创新，也需要党和政府以及社会各方投入各类资源，全力支持。

未来十年乃至几十年，中国发展的主要成效看什么？不能不看相对最落后的农村是否实现了农民共富、城乡共融。而实现它的必由之路，就是农村集体经济组织带领具有包容性的新型集体经济成长壮大。

四、对村庄治理的再认识

（一）如何认识中国村庄的现在和未来？

村庄是国家的基底，是国家整体稳定和维护综合安全、实现独立自主的微观基础。村庄的历史传统、社会结构、资源禀赋有别于城市社区，相应地要求村庄具有不可分割的整体性。村庄整体性也是其主体性的物质基础。我们只有将尊重村庄的主体性地位与尊重农民个体的主体性地位放在同等重要的位置上，汲取历史的经验教训，改变目前视村民委员会为乡镇政府派出机构、村集体经济组织为乡镇乃至县级政府下辖机构的认识和做法，发挥村庄主体的活力，才能在新的历史阶段加快中国农业农村的现代化发展，改变失衡的城乡发展格局。

我们需要认清中国村庄与其他国家村庄最为不同的特点，这就是村集体拥有土地所有权。

农村实行分田到户的土地家庭承包制之后，农地所有权虽然归集体，但是经营权完全归农户家庭，集体所有权与家庭承包经营权完全分离，并且承包权长期不做调整，以致集体所有权几乎被架空。这样一种分裂的产权关系在地域封闭的村庄里运行了两代人的时间，割裂了村庄在资源经营、经营服务、社会服务、公共事务等方面本有的整体性的相互联系，导致许多地方出现边界不清的问题，却又无法划清边界，造成农村集体经济、基层社会管理、社区公共服务、村庄自治等方面出现了封闭性和排他性的现象。近年来，为解决村民委员会行政化愈演愈烈的问题，多地建立了下沉到村民小组或者自然村的村民理事会、议事会等村民自治组织。为改变集体经济衰落甚至崩溃的状况，烟台等地还尝试走党支部领办的专业合作社之路。

所有问题归结到一点，就是村集体没能拥有完整、实在的农村资源，无法实现资产所有权的功能。近年来关于农村集体经济组织立法，以及支持新型农村集体经济发展壮大，都在这个根本点上着力使力。但人们在实践中还存在一个认识上的困惑：中国的村庄到底应该是一个社会、经济、文化、生态的整体，还是在经济和社会上分割成二元的两个相对独立的组织体系？

为什么目前有相当一部分村庄即便成立了集体经济组织，从表面看也是由村民委员会代行集体经济组织的权力，直接处置村集体土地的承包、发包？仅仅是因为村民委员会干部与集体经济组织负责人交叉任职，村民委员会存在的时间更长吗？有人说，村集体经济组织丧失了独立自主经营的市场主体地位，是因为村民委员会代行其权力迫使其退位。而实际情况是，人民公社解体，实行土地承包到户后，生产大队、生产队等集体经济组织丧失了支配集体资产的权力，很多地方甚至连形式都不存在了，这才有了村民委员会。村民委员会正是在农村集体经济组织多年出现真空的状态下由农民自发设立、国家认可才新设立的，它弥补了农村在一段时期内因缺乏集体组织而出现的组织真空。

所以，中国村庄的基层组织建设实践很可能还要经历相当长时期的探索并经受历史检验，才可能找到最适当的出路。

（二）村庄治理首先是集体经济治理

目前，国家大力支持村庄治理，加大了对村庄的转移支付和社会保障类的项目支付力度。村办公经费、村干部补贴都由财政资金来保障。但是对于想把村庄经营好的村集体来说，这些钱远远不能满足自己的需要。所以发展集体经济，保障村庄供给，一直是想干事、干成事的村“两委”的迫切愿望。有实力的村庄集体经济能够支持村庄治理的良好开展，良好的村庄治理也能保障和促进集体经济的良好发展。集体经济和村庄善治构成了好村庄的两个方面。没有村庄集体经济，村庄治理就会面临无米下锅、资难抵债的困难；没有良好的村庄治理，集体经济就会处于缺少人力支持、运转不灵、权责难对等困境中。

中国当代农村发展史上曾经有个阶段，集体经济与乡村治理背道而驰。20 世纪 80 年代，江苏、浙江等地很多村办集体企业一度兴起，但是后来大部分都被改制成私人企业，村民间的贫富差距不断扩大，阶层分化之剧令人咋舌，村集体组织完全崩塌。这固然有当时的政策导向问题，但为什么还是有一些村集体和村办企业幸存了下来？应该说，它们与村集体治理状况的不同大有关系。如果村庄没有一个保障村集体和村办企业经营者的责权一致性的良好的治理结构，就会形成企业亏损了经营者没责任、企业盈利了经营者也得不到应有报偿的不公正的经营环境，这样的村庄经济怎么能持续下去？不少地方的乡镇企业从集体经营改为个人承包经营后，管理方式改变了，但是并没有解决集体资产的治理问题，最后大都只能进行企业转制，将集体企业卖给了企业经营者。

但战旗村以及其他一小部分村庄却走了另外一条发展道路，就是通过发展集体经济来支持村庄全面治理。战旗村等村庄的道路与当时提倡的主流方向几乎完全相悖。别人在做集体股份合作社改革时，战旗村的干部将分给个人的集体企业股全部收回来，称这是真正挽救村集体的“做实集体所有权”的行动；别人在做土地分片承包时，他们通过集体反租承包的方式做碎片化农用地的集中后再重新发包租赁，让村集体真正成为“地主”；别人在宅基地上零打碎敲时，他们下大决心通过调整土地权属和重新整合全村宅基地，不仅最终实现了全村住宅集中，同时也大大加快了农用地的使用权配置管理权全部集中至村集体农业合作社的进程；别人构建起了由村集体经济直接经营的大型企业，他们却将看起来盈利最优的机会让给了村民和外来企业，自己重点做打造直属集体经济的资产管理公司机制建设，把控好保障集体资产的安全之门。

20 多年走下来，如今的战旗村越发展越有底气，后劲十足。而一些当初与战旗村发展水平相当的村庄的集体经济，到今天有相当一部分发展停滞了，甚至后退了。还有一些依靠外来资本搞大规模的工矿企业加旅游景区的村庄，虽然经济发展还不错，但几乎完全丢失了农村本色。

这是为什么?

我们认为，其中的一个重要原因，就在于没有处理好发展集体经济与村庄治理的关系。两者的关系应该是相辅相成的。在中国，好的村庄治理一定是以集体经济治理为核心、为动力、为支撑的全面治理。只有集体经济发展了，村庄才有统合多要素、支撑村庄全面治理的本钱。集体经济管好了，能成为村庄全面治理的抓手。集体经济管不好，反而可能成为村庄矛盾的焦点。因此，在发展集体经济的过程中，必须大力完善村庄的全面治理。同时，村庄治理也并非有了集体经济就自然会更容易，也不见得有钱就一定能办成事，有钱反而闹得四分五裂的村庄例子并不少见。相反，有了集体经济，就更需要完善村庄治理机制，将集体经济作为村庄治理的核心内容。

（三）村庄治理是非正式制度与正式制度的融合过程

村庄治理，是对村域内的经济、政治、社会、文化、生态的全过程治理，不可能仅仅依靠制度化的治理机制，进一步来看，制度化的治理机制也不可能仅仅依靠某一种制度。事实上，村民自治才是乡村治理的核心制度，但它并不是乡村治理的全部。集体经济制度也是同样。1990 年，中国共产党在山东莱西召开村级建设座谈会，提出党的领导、村民自治、集体经济是村级建设的核心，言简意赅地将方向、价值和基石融为一体，准确地把握住了中国乡村治理的核心内容。

“党的领导、村民自治、集体经济”三位一体的经验总结事实上来自三个性质不同的主体。这三个主体都出自村庄这个中国最基层的社会单元。村庄是三要素的汇合处，也为三要素提供了营养。

只要在基层，只要在农村，只要处于乡土的社会文化环境内，所有制度、过程就必然受到乡土文化环境的影响，就不可能是完全标准化和正规化的。其实，观察党组织、村民、集体经济这三类主体及其制度走过的历程，就会发现，它们全都是从非正式、非标准开始，逐渐发展为正式化和正式制度的。从经验上看，现在的村庄治理经历着一个从非正式到正式的发展过程，将来回头看，村庄治理还会是一个不断发展、不断完善的过程。也就是说，所有的正式都来自非正式，所有的稳定、固化都来自不稳定、非固化。无论任何时候，非正式、不稳定都会孕育着新的可能。所以，非正式和正式，非标准和标准，无论组织、制度、体系状况如何，都将长期共存。给予非正式、非标准以空间，就是给未来以发展空间，就是向未来发展播撒种子。

例如，中国历史上的集体经济组织制度虽然是在 1962 年发布的《人民公社六十条》中提出的，但是其中精髓，以“三级所有、队为基础”为原则确定公社、生产大队、生产队的集体经济组织，是从 1949 年的互助组、1953 年的初级社和 1959 年的人民公社建立以后的农民自发实践中来的，农民创造的非正式制度的实践经党和国家认定之后，就成为正式的集体经济组织制度。

1978 年，安徽省小岗村 18 户农民自发进行的分田到户的农村经济改革，浙江华西村村支书吴仁宝带领全体村民坚持不分田的集体经济制度，也都是当时农民自发创造的非正式的制度性成果。战旗村自 2002 年以来，历经 20 多年形成的党组织领导下纳入村民自治的村集体经济治理体系，也是一种非正式制度创新。正是这样或那样的非正式制度创新，后来成了正式制度的先驱。正是农民的自发创新，给国家的立法和形成各类正式制度提供了动力和源泉。

（四）如何破解实现村庄民主治理的难题？

从目前全国的情况看，乡村治理面临着两难困境：一是制度安排与实际运行之间存在严重偏差，以村民自治制度为核心的“乡政村治”运作不顺，村民自治与乡镇政府的行政管理“貌合神离”，基层的民主治理、自主治理、合作治理的空间受到压力型权力体系的挤压，出现大量形式化、空洞化的问题；二是受社会文化生态环境的影响，少数地区的村民自治偏离了制度要求。

这两难处境或者两大难题中，第二类难题通过党的十八大、党的十九大持续加强党的基层领导力，整治腐败和不作为，已经有了较好的成效，但是第一类难题越来越突出。在破解这类难题方面，战旗村以自己独特的认识和自创的做法，为村民自治推动德治、法治做出了有效的努力。他们的不少做法和经验很有启发意义，值得借鉴参考。

本书第二章，从战旗村的具体实践谈到战旗村是怎样破解治理形式化、空洞化的顽疾的，提出战旗人不唯上、只唯实，坚持以能否帮助群众解决问题为考察一切工作成效的标准。在群众利益分配出现矛盾，土地经营权和宅基地平均分配、集体经济组织成员资格确定，住房格局、成本核算和选房、乡村十八坊建设和业主进驻、新小区环境维护和改造等工作中，他们坚持了村民自治的原则，将正确的思路和方案通过大、中、小会和入户交谈，逐步让大多数群众理解和接受。其中，他们以公私伦理进行引导，公不离私，私不离公，公私兼顾，照应大局；运用“和”与“礼”的乡俗，长幼尊卑的排序，“给人情面子”的方法，逐步化解矛盾纠纷。对于一部分人有意见的方案就先放下，要有“历史的耐心”。只有达到不少于85%的群众都赞成的决议，才正式开大会通过并执行。这就实现了集体和个体的双赢。

对于合村并居这类全国上下几乎所有地区都遇到的难题，战旗村也是依靠民主治理、说服动员的方式解决的。

近年来，由于农村经济发展的需要，合村并居的步子有加快的倾向。一些人口少的行政村也被合并，成为新的自然村。截至2021年年底，中国有48.9万个行政村，250多万个自然村。在乡村社会结构大变动中，村庄的公共权力如何重新配置才能不产生矛盾成为新的问题。由多个老行政村合并而成的新的行政村，领导干部往往从乡镇调来，不是本地人，这让乡村治理的正式制度接不了“地气”，运行出现了问题。从表面上看，是这些新来的干部掌握权力，实际上却往往是降到村民小组的原行政村的干部才有实际的支配影响力。权力分配出现形式上和实际上的反差现象，就难以避免乡村治理的正式制度被虚化和形式化。

新战旗村成立后，在权力重新配置上，战旗村不仅将金星村的村干部分别安排进治理层和管理层，还让金星村的村民小组成建制地进入战旗村，扩大村民小组组长的权力。无论是土地测量、住宅搬迁、农地集中，还是月度财务公报、党员入户、困难群众帮扶，都通过各类工作渠道进入村民小组。这样让村民小组组长有职有权，同时也让事权和补贴支出一致化，让工作多、做得好的人不吃亏。

可见，乡村基层的村民自治也是需要引导的，村党组织领导下的民主治理，要特别注意正式制度与非正式制度的结合，充分发挥乡土文化土壤上人的自身活力。

五、总结与建议

本书讨论的村庄治理是以集体经济治理为核心的经济、社会、文化、生态诸方面统合的全面治理。村庄治理的主体是村党组织领导下的村集体。

这个村集体尽管依法分成两个集体法人，但是在村党组织领导下，可以形成村民委员会和村集体经济组织两个集体法人之间既相互融合又职能分立的协调统一的治理核心。它的表现方式就是村党组织、村民委员会、村集体经济组织三位一体，实现途径就是村党组织书记通过合法程序兼任村委会主任和村集体经济组织理事会理事长，同时全面实现村党组织、村民委员会和村集体经济组织理事会管理机构成员之间的交叉任职。

以村集体经济治理为核心的村庄全面治理形成三层四方的法人治理结构。三层分别是：村集体的权力层，由村民大会和村集体经济组织成员大会行使最高权力；委托代理层即执行层，由大会选出的村民委员会和村集体经济组织理事会行使执行的职权，村务监督委员会和村集体经济组织监督委员会行使监督职权；管理层，由村民委员会下设职能机构和村集体经济组织理事会下设职能机构行使管理的权责。

四方指的是四类主体，分别是权力主体、执行主体、监督主体和管理主体。

战旗村的实践经验证明，要将村集体经济治理好，要让村集体经济组织长盛不衰，最不可忽视的地方在于要将管理职能和经营职能分开，管理组织和经营主体分立，同时又要统分结合，不能以市场经济环境就是多主体、多业态而忽视了村集体经济组织独特的社会地位和市场地位。村集体经济组织是农村经济社会发展多主体中最重要的主体。

村集体经济组织中的人员的确需要进入市场学习和掌握市场经营之道，为此需要依法建立集体投资的全资公司和入股市场上的各类经营机构。但是，必须明确的是，作为特别法人的村集体经济组织，其经营的目的目标和公司、合作社等一般市场主体有所不同。村集体经济组织的经营并不只是为了挣更多的钱，而是为了农民共富、城乡共融，建设和谐安乐的村庄，形成村庄共同体。因此，社会目标应摆在第一位，考核业绩不能只看经营成效，对经营成效的衡量也不能只以年度资产盈利率为标准。

村集体经济组织可以自设，也可以与其他各类市场经济主体共同设立多种多样的市场经营机构，还可以由村集体和村集体经济组织搭建平台，容纳和吸引新老村民建立各类作坊、店铺、民宿以及有规模的工商企业，打造新型农村集体经济的模样。建设一个具有广泛包容性的新型社区经济形态，就要让新型农村集体经济多样化实现形式成为可能。本丛书的第二分册“产业篇”详尽讲述了这方面的内容。

这样的村庄治理，有着类似大家庭的协调治理伦理，即各美其美，美人之美，美美与共，村内大同。村民间的收入差距、生活水平相差不大，村里的残障人、老人、弱者得到了更多的照顾，最重要的是村内形成一种和谐团结安宁的氛围，成为成员共同体。这样的村庄治理，其队伍和人才并不局限于村党组织、村民委员会和村集体经济组织这三驾马车的成员，而是包括村内外的各类能人，集人才为村所用。这样的村庄治理，更加注重村民自治的民主内涵和共同体意识的建设。因为大家拥有共有资源和资产，有共同利益，所以在民主自治方面有更多的生动命题和内容。

怎样才能达到这样的村庄治理目标？我们认为可以从以下四个方面入手。

（一）扭转对村集体的错误认知

目前在乡村实践中，各地相当多的村集体不是走向实质主体，而是日益被行政化、形式化，即出现了主体虚化的现象。多地的政府和外部社会力量将村集体认作乡村振兴的对象和客体，以为自己才是推动乡村发展的主体。

这种对村集体地位和功能的认知出现了大的方向偏差。一直以来，一些基层政府将村集体（村民委员会）视为稳定乡村、稳定村民的社会工具。自2016年以来，党中央、国务院试图以壮大集体经济解决后税费时代乡村存在的问题，但是并没有实现《中华人民共和国宪法》所规定的村集体在社会中的主体地位。

忽视村集体背后的现实原因之一是忽视小农户在中国农业农村中的主体地位。我国的农业政策过分偏重规模化的大农场，没有认识到它们并非党在农村需长期依靠的社会基石，即便在农业经营上，过大规模、雇工经营的土地产出效率较之小农户和家庭农场也是低下的。而决定中国粮食和农产品以及生态环境安全的最重要因素并不是农业劳动效率和资本效率，而是土地生产效率。

村集体未能确立主体地位，与人们在法律和法理上的认识不清也有关系。《农村集体经济组织法》明确了农村集体经济组织不是公司类的私法人，而是地区性经济组织。但它不是政府机构，也不是一般意义上的公法人。农村集体经济组织作为法律认定的特别法人，“特别”体现在哪里？除了关于集体财产所有权方面的解释之外，现在有一个容易被忽视的方面，这就是农村集体经济组织对成员和对社区承担的公共权责功能。特别法人是公法人与私法人之间的中间法人，而且更偏重公的一边。这类法人属于新的社会法域。开辟独立于公法、私法之外的社会法域，建立支持农村集体发展的整套社会政策体系，很可能是未来必须进行的法律体系完善方面的重大创新。

支持构建村集体经济组织的社会政策体系，比较紧迫的有以下三个方面：

一要明确其作为特别法人与政府公法人之间的关系，确立其独立的法人主体地位并进行政治赋权。

二要改变影响其发挥主体性的各类政策。例如：应推进土地政策中四荒地等非利用地（荒地、空地、废弃地等未得到充分开发或利用的土地资源）由村集体经济组织行使所有权的政策；村集体资产入资合作社或公司应以村集体经济组织的主体名义而非个人名义的政策；改善村财乡管现行做法，采取一笔过的预决算政策；支持村集体经济组织设立管理部门，探索管理与经营统分结合以实现集体资产安全保值增值的政策；等等。总之，要彻底改变目前个别地方政府越俎代庖、包办集体项目和事务的一切不当政策。

三要针对村集体动员村民参与集体经济行动的普遍且急迫的需求，政府给予大力支持，如需建立公益性批发市场，与村集体经济组织、村集体投资的合作社及公司联动，进行农产品纵向一体化体系建设，大规模地满足农副产品加工和销售市场的需求。

（二）确认村集体的主体地位和权力

既然村庄治理是村集体统合村庄内部多主体多领域的全面治理，那么首先要明确的就是，村集体这个治理主体有哪些公共权力，这些权力的授权是否足够，是否有些重要事务没有授权或者授权是虚置的、落空的。只有找出问题所在，才能进一步理清解决问题的思路。

为村集体授权的法律是《村民委员会组织法》和《农村集体经济组织法》，法律授权的部分由立法解决，但更为重要、更需要重视的是法律颁布履行后的操作执行问题，其中特别需要注意的是法律的授权在实践中出现虚置问题。

授权虚置主要表现为本该由村集体决定的事项，却受到乡镇、县级政府的强力干预。例如，荒山、荒沟、荒丘、荒滩等农村的四荒地，除了国家规定属于国有性质的如河道及其滩涂以外，一般都属于村集体所有的土地。四荒地是农村的未利用地，没有纳入过家庭承包。《中华人民共和国土地法》规定："可以采取招标、拍卖、公开协商等方式承包。"而村集体作为四荒地的所有权主体，应该对四荒地有处分权和使用权。但现实情况是，除了少数自主性强、集体经济实力强的村集体（如战旗村）可以自行掌握这部分土地的处分权和使用权外，绝大多数村庄四荒地的处分权和使用权被上级政府拿走了大半。据调查，相当多的村能够留下其中的5%到10%就已经很不错了。

再有，法律尚未顾及的如村财乡管，即村级事务的资金由上级政府拨付、村级使用，村会计相当于乡镇财务派驻村的出纳。目前对这个制度的解释是，村级集体经济长期被弱化，2006 年国家又出台了免除农业税和农民向村集体缴纳一切费用的政策，使得村务正常开支没了来源，所以政府包揽了村务的公共开支。但这种村财管理方式并不是按财务预算一笔账的资金拨付方式，而是具体到一支笔、一张纸的逐笔报账的方式，而且还需要村会计事先垫支资金。这样的财务管理方式确实让村会计不胜其扰，很多情况下村集体经济组织无法进行及时的经营决策，容易失去发展机会。

这种村财管理方式的运作在 20 年前还情有可原。党的十九大提出实行乡村振兴战略之后，显然它已经完全落后于形势了。

现在问题的焦点是，农村的政治大环境已经改变了，但是原有的制度和制度背后的思想并没有改变。村集体到底是乡村振兴的主体还是客体？县政府、乡镇政府与村集体到底是什么关系？是上下级关系还是对村庄振兴主体的辅助和支持关系？县政府、乡镇政府在什么条件下才是乡村振兴的主体？

党的十九大提出了乡村振兴战略，将县域划为乡村地域。乡村振兴，指的是中国所有县域范围内都要振兴。所以，县政府和乡镇政府也是本地区范围内的乡村振兴主体。村级不设政府机构，村集体是基层自治法人，村集体就理所当然是村域乡村振兴主体。乡镇集体经济组织的建设情况有些特殊。其实在人民公社时期，公社曾有相当规模的自有土地和自有资产，都是集体性质的，但是后来基本上分光了。现在在建的乡镇级集体经济组织，应该是村级集体经济组织的联合体。几万个乡镇，到 2021 年年底，在区农业农村局登记注册的乡镇级集体经济组织不过几百个。可能原因是它们缺乏乡镇集体资产，缺乏乡镇集体成员认定和组织方法，但更为重要的原因是一些地方政府部门目前并没有认识到它们的必要性和重要性。如果乡镇集体经济建设的主体组织没有立起来，那么发展乡镇集体经济的工作就更多地落到了乡镇党委和政府身上。乡镇党委和政府就需要多担当责任，并且更充分地动员村级集体经济组织联合起来，在乡镇党委领导下，共同配置好乡镇范围内集体的资源和资产。

县、乡镇党委和政府，如何行使县、乡镇范围内乡村振兴主体的权责，是一个亟须讨论清楚的问题。我们以为，首先应该承担起对村级集体经济组织的辅导、辅助和支持的权责，其次要在县、乡镇范围内整合公共资源，推进公共服务，培育本土人才，研发出台促进农民共富、城乡共融的本地政策。

要做到这些，得转变思想。村庄不是客体，不是治理的对象，而是乡村振兴、村庄治理的主体。县、乡镇党和政府为了实现帮助和支持村党组织、村民委员会、村集体经济组织形成三位一体的治理核心，需要进一步简政放权，最大限度地减少对村庄微观事务的具体管理，例如改变村财乡管的管理方式。凡是村庄内部市场能有效调节的经济社会活动，一律交给村集体去做，同时下放对村庄财务的过度审批的权力，将其中的大部分审批权改为监督权。凡是村庄内部的老年人服务、人居环境改造和公益岗以及其他事务性管理服务，按照国家相关政策，都可通过协议、委托等方式向村庄集体购买。凡是支持村集体的产业项目，都必须尊重村集体的选择权，不能为了扩大县、乡镇业绩，大片圈地建设产业园，强迫村集体接受合村并园，也不能强迫或替代村集体接受政府规定的项目收益金比例，应该允许村集体以多种方式同项目方协商与合作。

（三）特别注重村党组织书记的选拔和培养

“战旗经验”“莱西经验”“经棚经验”都证明，做好村庄治理工作需要整合多种要素。而整合多要素最需要村党组织带领的一班人的远见卓识、带头意识和奋斗精神。村庄有没有主体性，要看这一班人有没有主体性，能不能发挥主体性。

就像“扫帚不到，灰尘照例不会自己跑掉”一样，人不去推动，组织、资源、资金是不会自动跑起来的。只有人，才是充分运用好村庄资源和资金的基础条件。

在领导、人才、组织、资源、资金等诸要素中，领导特别是一把手即村党组织书记是最重要的。村庄的集体经济和全面治理、民主自治的能力和水平的提高，要依靠领导特别是一把手去建立治理的组织机构，选拔和培养人才梯队，加强农民的共同体意识教育。

选拔优秀的带头人并不容易，最近十几年来，很多县、乡镇党组织都将选拔优秀人才担任村党组织书记当作党建的头等大事，并且利用村党组织和村民委员会换届选举的时机具体实施。不过，不少地区的情况目前依然如旧，并不乐观。

中国古语说：“十年树木、百年树人。”树人就是人才建设，不可一蹴而就，需要坚持不懈地努力。况且，选才只是“树人”的第一步，选好才还需要加强培养教育和陪伴鼓励，乃至建立评定和筛选机制。

现在，各地党的组织部门、政府部门，设立了各类培训机构和教程，努力对党的骨干特别是村党组织书记进行培育，可能需要加强的是，从效果出发，对现行做法进行收集、整理、分析和评价，找出最有效的方式，通过交流择优推广。

（四）建立对村庄全面治理的科学考察和评价体系

加强对村庄的全面治理，必须重视搞好政绩考察、激励约束和财务评估工作，这些都是乡村振兴中发展壮大集体经济和推动村民民主治理的重要环节，可能需要中央政府下决心通过第三方出思路、做方案，还要对政府下达的试点做评估。总之，推动村庄全面治理，必须构建一整套科学考察评价体系，明确其基本思路和具体实施方案，并辅之以相关政策的支持和协助。县、乡镇可在总的方案基础上匹配适合本土的政策和制度。要注意避免的是，上级考察采取行政命令方式下达指标，下级为了获得好分数而层层加码。所以，设计这套考察评价方案的基本内核，应求其原则性强，内容简明扼要，以及照顾到实施中的弹性。还有，覆盖多部门需要也是进行方案设计时的关键之一。现在多部门对村庄进行冗杂、多元的考核，已经给村集体带来很大的工作负担，甚至出现因应对上级考核导致村集体负债担责的现象。对这一类问题，中央屡下文件禁止，需要思考如何换思路、换方式予以解决。

(1) 分类设计考察指标，应注重考察村集体的主体性

在考察评价体系的设计上，中央、省、市对县和乡镇政府，县和乡镇政府对基层的招商引资成果的指标要弱化，考察指标要向公共服务提供水平、居民生活满意度、生态水平等方面倾斜，还可区分不同

地区经济发展水平、不同类型村庄的比较优势和发展可持续性等变量进行设置。例如，人口流出地和流入地的村庄考察指标应有所不同。人口流出地对于村庄是约束机制，经济发展弱，考察指标就要有所侧重。

评价村庄治理，要特别注意将村庄自我确定的目标和自主治理与政府下达的任务目标分开。村集体自设目标和实现目标的能力，是评价村庄治理状况的一个重要指标，因为它考察的是村庄有没有主体性和实现主体性的能力。

目前，政府下达的治理评价的要求，大都是治理效果的产出指标，如盖了多少平方米的新房，种植了多大面积的花坛，建造了多少座厕所，扶持了多少人就业，帮助了多少老人、妇女、儿童，等等。而对这些产出来说，相应的投入有多少，投入产出率如何，实际效果如何，有关部门往往不予重视或欠缺考虑。

在对治理产出的评价上，政府部门往往强调程序性，要一级一级贯彻执行，每一份文件上都要有不同级别的领导从前到后的签字。如果财务文件少了一道签字，就是程序不合要求，就要减分。村集体管理者的意识全部集中于政府下达的这些并非十分必要的程序性指标上，就没有时间和精力顾及对治理质量更能产生影响的事情了。结果就会变成，不管程序规定得如何完美，都无法实现政府期待的村庄治理水平的提升。

(2) 关于村集体经济能力的指标考察

村集体经济增收的年度水平，已经成为政府每年必考的指标之一，而且还按照增收 5 万元、10 万元、20 万元给各个村集体排定名次，致使一些村庄为了达到底线指标而不得不使手段、玩花样、造虚假。的确，村集体经济的增收可以为村集体发展壮大集体经济和支持村内公共活动提供必要的资源，是需要推动和促进的。不过，一定的集体经济增收水平并不必然会转化为集体经济资源和资产的有效使用。如果集体经济的管理是低水平的，集体经济收入就有可能低效支付，甚至造成浪费。其实，集体经济的产出不仅是资源、资产输入的一种结果，还是一种组织文化的表现。所谓一分钱掰成两半花，有的村庄虽然比较贫穷，资源不多甚至贫乏，但资源利用有效，用较少的资金也实现了良好的效果。而这类村庄的治理质量往往是比较高的。因此，不能用增收的总量是 5 万元的低档还是 20 万元以上的高档来做绝对的衡量评判。

对于很多村庄而言，村庄的收入来自政府转移支付或者资源租税，而不是自己集体经济经营的结果，甚至这些转移或者租税构成了村庄财务收入的八成、九成以上。这类村庄其实就是由政府供养的村庄，是没有主体性、自主性的村庄。村庄作为一个社会单位，一个自主性实体，有一系列重要功能，任何一个功能的实现都可能被用来作为衡量村庄某方面能力的代表。村集体经济组织年度增收总量和成长率，以及资产利用率确实是衡量其经济治理能力的有效指标之一，但是要全面地看、历史地看，注重村庄的原始基础，自主规划，以及资源条件，要将国家给予村庄的资源租税排除在外。

对于村庄增收的结构也需要做一个起码的经营绩效分析，看土地租赁收入与资产经营收入的比值。后者越高，说明村庄的自主经营能力越成熟。另一项对能力的测量指标应该是村庄主要干部的受教育程度和专业化水平。因为具备一定的受教育程度和专业能力的人，判断力就会比较强，特别是在行为无法受到外部监管时，内在的规范会起到约束作用。

总之，随着《农村集体经济组织法》的出台，确立农村集体经济组织是乡村振兴的主体，未来关于如何扶持农村集体经济组织成长，不仅要达到农民共富、城乡共融，还要实现乡村全面治理现代化，将成为国家在相当长时期内的重大主题。从实际需要出发，对村庄全面治理，构建对集体经济组织和集体经济发展的科学考察评价体系，将是十分必要的。

最后，我们还想向读者多说几句我们觉得并非多余的话。

在这本书里，我们着重讲述了对于村庄治理最重要的三个核心要素：党的领导、村民自治和集体经济。当然，村庄治理工作其实也包括其他方面的重要因素，譬如自然生态环境、社会服务、文化与教育、农业科技等。但本书中我们却很少涉及这些方面的话题，这不能不说是一种遗憾。没有讲到这些方面并非我们认为它们不重要，更不意味着战旗村在这些方面没做出突出业绩和形成宝贵经验。事实上战旗村的故事非常丰富，俯拾即是。但限于篇幅，也为了突出我们认为当下村庄治理工作中最为普遍的问题和最为基本的要义，我们只能做一定的取舍。本书主要是想写给乡村基层干部和关注乡村实际情况的社会人士看的，我们希望能够尽量贴近他们关注的问题并能够引起其思考，希望他们能有所收获。

战旗村大事记

1950 年 **解放**

四川省崇宁县解放，反动势力发动大暴动，但被迅速镇压。取消保甲制，建立了农民协会。

1951 年 **土改**

1951 年，成都市崇宁县（辖今唐昌镇）土地改革委员会成立，次年完成土改。

1952 年 **互助组**

1952 年，集凤村由杨洪发起成立星星互助组。

1954 年 **初级社**

实行以人定量，计划供应粮油，1954 年，成立了金星初级农业生产合作社。

1955 年 **统购统销**

全县农村全面开展“定产、定购、定销”的“三定工作”。

1956 年 **高级社**

1956 年，金星高级农业生产合作社成立。

1958 年 **人民公社**

1958 年，毛泽东主席到郫县红光公社考察。先锋人民公社成立。

1960 年 **“三级所有，队为基础”**

人民公社体制调整为“三级所有，队为基础”。1962 年，以此为主要内容的《农村人民公社工作条例（修正草案）》，简称《人民公社六十条》，正式颁布执行。

1965 年 **集凤大队从金星大队分出**

在四清运动工作队的主持下，1965 年原金星大队的三大队分出设立为集凤大队。当时分得三间猪圈房、一个木制文件柜、三把圈椅，还有 700 元的债务。

郫都区开展农业学大寨运动，进行农田基本建设。

1966 **年** **集凤大队改名为战旗大队，“文化大革命”开始**

经大队支书蒋大兴提议，集凤大队改名为战旗大队。

年底先锋公社召开“文化大革命”动员大会。战旗大队成立群众组织，开展活动。“文化大革命”时期，村内秩序井然。

1971 **年** **农田水利建设**

战旗大队对支渠、斗渠、农渠、毛渠进行全面整修，改造下湿田、漕田 400 多亩。

1973 **年** **水稻和小麦单产位居全县榜首**

战旗大队水稻亩产量达 762 斤，小麦亩产量达 520 斤，居全县榜首。农业生产实行分组作业、联产计酬。

四川省军区民兵工作会议，印发调查报告《战旗大队党支部是怎样在三大革命运动中加强民兵建设的》。

1973—1975 **年** **战旗民兵连建设与条田改造**

战旗民兵连代表多次参与省级大会，在大队支书罗会金带领下积极参与考核和水、土改造工程，条田改造，获得上级表彰。后罗会金调到先锋公社担任党委书记，李世炳任战旗大队支书。

战旗做到了“沟端路直树成行”，建成了条田化体系。

1975—1980 **年** **集体集中居住区初建**

1975 年，大队支书李世炳带队去大寨学习，回战旗大队之后，规划修建了战旗新村。1980 年，第一个农民集中居住区建成，17 户 87 人入住。

1977 **年** **停种双季稻**

战旗大队停止了栽种双季稻，主攻中稻。随着粮食产量增加，基本解决了吃饱饭问题。

1979—1982 **年** **社队企业蓬勃发展**

1979 年，在县人民武装部引导下，利用大队逐年积累的粮食储备的变卖款，投资购买了机器。以本大队良田 30 亩调换了相邻园艺村的山地，开办大队第一家集体企业——先锋第一机砖厂。大队酿造厂建成投产。1982 年，又创办了大队树脂厂。

1983 年 **包产到户，社企承包**

1981 年，战旗大队只有 3 户举手表示同意包干到户。大队向县政府报告后，同意包干到户暂缓执行。1983 年，顺应形势全面实行土地分包到户的联产承包责任制。大队企业实行承包制。

1983 年 10 月，战旗大队改名为战旗村。

20 世纪 80 年代至 90 年代 **乡镇企业蓬勃发展**

战旗大队改为战旗村。兴办战旗酒厂、机面厂、铸造厂等村办企业。1984 年，国家将社队企业正式更名为乡镇企业。

1985 年，全村多于半数劳动力从事企业工作和务工。1987 年，办铸造厂（1991 年停业）；1987 年，战旗村完成了第一轮企业承包。

1989 年，酒厂破产，建面粉厂。1990 年，在郫都区武装部帮助下筹建郫都区复合肥料厂。1992 年，修建郫都区会富豆瓣厂。

1994 年 **乡镇企业改制**

1994 年，各地开始试行农村股份合作社，以推进乡镇企业改制。郫都区开展股份制试点，战旗村五个效益较好的企业被整合为一个股份合作公司，即成都集凤实业总公司，规定股权只能在企业内部进行转让。

1994—1997 年 **军民共建**

战旗村连续四年被评为成都市军民共建先进单位，并被中宣部、中国人民解放军总政治部评为“双拥共建社会主义精神文明先进单位”。

1998 年 **土地二轮承包**

第一轮承包到期，年底，战旗村进行了第二轮土地承包工作，严格按照“大稳定，小调整”的原则，承包期延长到 30 年。

2002 年 **村“两委”换届**

战旗村“两委”换届，李世立书记和高德敏主任上任。

2003 **年** **完成集体企业改制**

1998 年，国家政策鼓励企业主购买村办企业。战旗村村办企业在承包基础上由经营者购买企业股，职工也获得少量个人股，但随即出现个人获利、集体亏损状况。2003 年，村党支部决定进行集体企业第二次改制，收回个人拥有的集体企业股份，彻底清产核资，建立了村集体拥有全资的集凤实业有限公司，并重新招标企业经营者，签订企业租赁合同。经此改革，2004—2006 年，集体企业给村集体贡献的总收入较前增加了 500 多万元。

2003 **年** **小范围试验农地流转**

2003 年，村党支部书记李世立和村委会主任高德敏到华西村、南街村等地考察，发现集体经济实现规模经营要依靠土地集中。回村后进行宣传，并首先在第 5 组、第 7 组展开土地集中的试点，党员、村干部带头，每组拿出 50 亩。

2006 **年** **建立集体合作社，经营村内农地**

国家取消农业税。

2006 年，在自愿有偿的原则下，村民委员会引导村民以土地承包经营权入股，共集中 600 亩，成立集体全资的战旗农业股份合作社(2009 年注册为战旗蔬菜专业合作社)。按 9 个生产队成立分社，农户与分社集体签订有偿流转委托书，分社长代表农户与总社签委托书。

合作社成立后，县农发部门给予 300 万元的项目支持经费，用于土地整理，修建沟、路、桥等基础设施，并建立水电大棚做设施农业。

2006 **年** **承办“大学生进农家”活动**

2006 年，战旗村争取到“成都市第一批新农村文化建设试点村”的下派任务，全村农户接纳 300 多名大学生，开展“高校 + 支部 + 农户”大学生进农家活动。

2007 **年** **招商引资引进第一家现代农业企业**

春节后，经成都市委领导指示，战旗村成为农村新型社区首批试点村。榕珍菌业于2007年8月3日正式在战旗现代农业园区落户，占地301.5亩，以工厂化方式生产食用菌，解决了战旗村和金星村400名村民的就业问题。

2007—2009年 **村民集中居住**

2003年，在土地向集体集中的同时，村“两委”开始设想集中居住。

2005年，村干部看到郫都区关于拆院并院的45号文件。

2006年下半年，战旗村去唐元镇长林村参观拆院并院项目，开始考虑战旗村集中居住规划。

2007年，成都市出台土地增减挂钩政策。战旗村集中了60处院落400多户宅基地的440.8亩，以其中215亩作为安置村民的小区建设及基础设施用地，另208亩建设用地指标拟利用增减挂钩政策置换建设小区的资金。

2007年6月，成都市被批准设立全国统筹城乡综合配套改革试验区，战旗村成为全市首家农村新型社区建设示范点。

2007年到2008年战旗村进行集中居住小区建设，2009年小区建成，96%的村民实现了集中居住。

2009—2011年 **农地集中95%**

集中居住后，更多农民进入企业工作，集中土地的意愿增强。2010年年底，村集体合作社集中土地1 600亩，占全村耕地80%。2011年，集中的土地增至1 820亩，占全村耕地面积的95%。其中，合作社集体经营90亩土地进行新品种示范，1 740亩流转给16家业主和龙头企业，地租逐渐涨至1 800元一亩。

2011年 **土地权属调整**

2011年，成都市进行农村产权制度改革。战旗村在土地集中、住宅集中的基础上，以村为单位，重新进行承包地、宅基地、建设用地的权属调整。为确定分地的资格，定2011年4月20日零点为确定集体经济组织成员资格的标准时间。最终经全体村民通过，实现了按人口平均分地。每个集体经济组织成员承包农地 1 亩 1 分 3 厘 7，每户分得宅基地 80 平方米。各村民小组的土地面积也调成一个样。村集体经济组织成员的土地实现确权不确地后，方便村集体统一管理、统一流转、统一分配，也为之后招商引资、土地入市创造了条件。

2011—2013 **年** **谋划产业升级**

2011 年，战旗村以集体建设用地 23.8 亩入股，与外部资本合办“妈妈农庄”，占股 5%。“妈妈农庄”占地 600 亩，其中薰衣草田和各类花卉种植占 400 亩。2012 年，“妈妈农庄”功能区落地，含酒店、餐饮、会议室和休闲区域，当年开业。

2013 年，引入四川蓝彩虹生态农业有限公司，种植蓝莓。

2014 年，肥料厂旧址被二次利用，引入郫都区满江红调味食品有限公司。

2015 **年** **准备集体经济产权制度改革方案**

2015 年，农业部、国家林业局、国土资源部及市县有关部门到战旗村考察调研产权制度改革工作，战旗村起草了《集体经济股份化改造试点工作实施方案》，对所有集体资产进行股份量化。

2015 **年** **集体经营性建设用地入市，建成五季·香境文旅综合体**

战旗村争取到土地入市政策，成为全市 33 个集体经营性建设用地入市试点之一。出让关停的复合肥厂和村民委员会原址 13 亩多建设用地。四川迈高旅游公司以 52.5 万元/亩的价格，取得这块集体建设用地 40 年的使用权，敲响了全省农村集体经营性建设用地入市交易“第一槌”。

之后，与迈高公司合作，建成五季·香境文旅综合体。

2015 **年** **建立村集体全资的非农资产管理公司**

战旗村注册“唐昌镇战旗资产管理有限公司”，与 2009 年注册的战旗专业合作社一样，成为村集体全资拥有的集体经济组织，并把成都集凤实业总公司更名为成都集凤投资管理有限公司之后，原集凤实业总公司拥有的非农的集体资产全部归入唐昌镇战旗资产管理有限公司的集体资产。

2016 年 **划为水源地，绿色转型**

2014 年，中央提出生态文明建设。2016 年，战旗村被列为水源保护区，相继关停集体砖厂、预制板厂、复合肥厂、润源铸造厂、覆膜砂厂。村民代表 40 人考察了袁家村，思考产业转型。

2017 年 **首届四川村委会主任论坛在战旗村召开**

2017 年，首届四川村委会主任论坛暨村社发展大会在战旗村召开。

2017—2019 年 **建设乡村十八坊**

2017 年，村集体经村民大会通过开始建设乡村十八坊，于 2019 年 8 月正式开张。这是战旗村集体自主实施、自主修建、自主运营的第一座大型乡村产业业态，由村集体资产管理公司统一管理。

2018 年 **习近平总书记前来考察**

2018 年 2 月 12 日，习近平总书记考察战旗村，作重要讲话，表彰其“战旗飘飘，名副其实”，嘱咐其在乡村振兴中，继续“走在前列，起好示范”。

2018 年 **建成战旗乡村振兴培训学院**

2018 年 9 月，战旗乡村振兴培训学院注册成立。占地 28 亩，由战旗村集体出资，并占 51%的股份，国企出资建造地上建筑。该学院旨在打造最接地气、最具特色的乡村振兴人才实训教育典范基地。

2019 年 **中延榕珍菌业有限公司全资收购榕珍菌业**

2019 年，台湾企业中延榕珍菌业有限公司代表到战旗村，全资收购了榕珍菌业，未来计划将产业链延伸到农业休闲体验，进一步融入战旗村一、二、三产融合的产业体系中。

2019—2021 年 **与国企合作，土地作价入股**

2019 年，战旗村以探索土地作价入股的方式发展集体经济。先后和国有公司郫都区建筑工程公司合作建造乡村振兴培训学院、农耕博物馆、战旗天府酒店。

2020 **年** **壹里老街**

2020 年 7 月，壹里老街开街。

2020 **年** **金星村并入**

2020 年 6 月，金星村并入战旗村。进行金星片区宅基地改革试点，拟整理建设用地，建设新小区。政府成立工作专班，定位红色战旗片区，重新规划，投入资金进行改造。

高德敏书记荣获全国劳动模范称号。

2021 **年** **乡村治理先进典型**

2021 年 4 月，战旗村被四川省委城乡基层治理委员会评为“四川省首批乡村治理示范村镇”；6 月 28 日，战旗村党委被中共中央授予“全国先进基层党组织”称号。

2022 **年** **村民委员会职能部门调整为四大职能办公室**

2020 年，村民委员会职能部门设置六大办公室（产业办、景区办、综合办、农发办、村建办、财务办），2022 年调整为四大职能办公室（党群办、综治办、振兴办、财务办）。

2022 **年** **台丽农庄接手妈妈农庄，企业管理集团公司成立**

台丽（四川）农业科技有限公司于 2022 年 4 月接手“妈妈农庄”，改名为“台丽农庄”。

四川旅游投资公司与战旗村集体合资的战旗天府酒店开始运营。

由战旗资产管理有限公司、台丽公司参股，共七家股东组成的战旗村企业管理集团有限公司，开展电子商务营销服务和战旗村品牌提升服务。

后记

本书是《乡村振兴说战旗系列丛书》的“治理篇”。编写本书的初衷是“从实践中来，到实践中去”。我们秉持这一初衷，反复调整写作思路，几易其稿，努力做到能够贴近战旗之魂、贴近读者之思，在读者与战旗人之间搭建一座可以沟通思想和情感的文字之桥。

本书介绍了战旗村的村庄治理实践，透视了一个村庄的治理体系、机制是如何形成、发展和完善的，为有志投身村庄治理的人们提供参考借鉴。全书分为四部分：第一部分是全书的“气眼”，通过战旗村全面治理结构图概括地描述了战旗村不同于其他村的治理特点。第二部分介绍了村庄良好治理的关键因素——组织、领导、人才。第三部分用事实说明战旗村的治理与管理以及具体经营的联系与区别。第四部分是总结。我们希望用战旗村这一具体的村庄所发生的种种鲜活真实的历史故事，并与我们精心从全国各地其他村庄中选取的类似案例和实践做法参照对比，和读者共同探讨中国村庄治理的重要问题。

本书的写法是，如其所是地呈现战旗村建村以来的事例，与读者一起品味那些让战旗村脱颖而出、有所成就的真实历程和故事，一起感受战旗人的情感和信念，同时也提供一些相关的背景知识专栏和其他村庄的案例作为参考资料并启发思路，与读者们一起思考探究对于中国村庄治理有价值、有启发、可借鉴的经验。

需要说明的是，鉴于我们对村庄治理的认识还处在初级阶段，有待深入研究的问题还很多，而本书作为主要面向基层实践人士的实训教材，不少方面只能点到为止。我们知道，村庄的全面治理离不开村庄的经济基础，而这个经济基础是由村集体和农户家庭共同构成的。要论及这个经济基础，就需要涉及集体和农户的财产关系。还有，在新的形势下，村庄治理的范围早已超越村庄。国家明确提出乡村振兴主要以县域为范围，村庄的全面治理既得益于也受限于乡镇和县的治理方略，现实工作中因此所产生的利益或矛盾已经凸显。尽管我们主要集中讨论村庄治理，但也期望这些村庄层面的治理之道能为更大范围的实践提供参考。我们希望这套实训教材在使用过程中能产生举一反三的启发性效用。

第二章中的“战旗实践”和“邀你共议”部分的执笔人为郭静，其他各章节均为杨团执笔。全书由杨团、刘建进统稿。

田丽曾撰写过本书初稿中战旗村党的领导和党的建设部分；王红艳、李展硕曾参加本书初稿的写作思路和提纲的讨论，提供了有价值的参考意见和建议；王弢、刘建进、刘闯、陈晶晶、姜斯栋等人的调查报告提供了相关资料；南京农业大学公共管理学院的张龙博士绘制了本书两幅重要的治理图。

本书写作中参考的主要书籍有：陈晶晶编著的《村庄十年》和

《战旗飘飘》（尚未正式出版）；董筱丹著《一个村庄的奋斗——1965—2020中华民族伟大复兴的乡村基础》，北京大学出版社，2021；杨团、刘建进、仝志辉编著的《探路乡村振兴的基层实践》，中国社会科学出版社，2022。

本书的编写工作，得到了战旗村多位村民的帮助。战旗村的老干部、老骨干，如李世立、冯忠会、苏运明，回顾了他们亲历的战旗村重要变迁，以口述史方式提供了宝贵的历史资料。目前具体承担战旗村工作的年富力强的干部，如从事党务工作的彭祖彬、杨明学、林根志，从事财务工作的杨凤、任绪瑶，向我们详细介绍了战旗村村庄治理的具体做法和事例。参加战旗村本土讲师培训的学员于静、苏永全、赵培建、方磊、杨军、林根志、杨凤、杨明学，村民代表高雪、高洋、肖丹，填写了关于战旗人才培养的案例征集问卷，为我们提供了他们的真实经历、感受和看法。

本书得到战旗村党委书记高德敏的大力支持，全书自提纲酝酿到终稿完成，他都提供了重要的思想和具体修改意见，真正做到了有问必答、有错必纠。杨明学和杨凤也为纠正文稿中的错漏提供了具体意见。

战旗人对作者的支持和信任，是出于他们对于战旗的深切热爱。希望本书能不负他们的期望。再次向他们致以真诚的敬意和谢意。

本书的撰写是在北京农禾之家咨询服务中心及其研究组的整体策划下进行的。研究组对战旗村进行了全方位调研，努力将多年来在农村调研的认知融入对战旗村经验的提炼和总结，这也是“用中国道理总结好中国经验”的一种尝试。北京农禾之家农村发展基金会秘书长葛宁、副秘书长吕松波参加了调研过程。吕松波在调研组织、资料整理、内文编辑和联系出版等事宜上付出了大量辛劳。华东理工大学出版社社科事业部主任、策划编辑刘军，责任编辑藕园积极推动本书的编辑出版，还为本书争取了出版经费。他们以实际行动支持乡村振兴事业的诚心诚意令人感动。特此一并致谢！

2024 年 2 月

内 容 提 要

本书阐述了战旗村以集体经济治理为核心的村庄全面治理实践的具体做法和经验，介绍了该村全面治理的主要特点，即在村党组织领导下，依法依规、实事求是地构建了集体经济组织法人的治理结构。在总结战旗村的经验和比较其他村庄治理的案例的基础上，本书试图提炼善治村庄普遍应当具有的基本特征：党的领导、村民自治、集体经济融入村庄的经济、社会、文化等事业；村庄的集体主体性支撑并促进村民个体主体性的自由发挥，它们共同推动村庄发展，形成蓬勃向上的有机整体。

战旗村乡村治理的经验理论上讲得通、实践中行得通，可供中国诸多村庄发展集体经济学习借鉴，也值得乡村基层干部和理论与政策研究者们探讨研究。